Das Ultimative

Diät-Kochbuch

Einfache und leckere Rezepte zum Abnehmen und Cholesterin senken mit Low Carb und High Fat Rezepten.

Nehmen Sie ab, heilen Sie Ihren Körper, gewinnen Sie Ihr Selbstvertrauen mit köstlichen Gerichten zurück.

Jessica Cooper

Inhaltsverzeichnis

Das folgende Buch wird im Folgenden mit dem Ziel wiedergegeben, möglichst genaue und zuverlässige Informationen zu liefern. Unabhängig davon kann der Kauf dieses Buches als Zustimmung zu der Tatsache gesehen werden, dass sowohl der Herausgeber als auch der Autor dieses Buches in keiner Weise Experten für die darin besprochenen Themen sind und dass jegliche Empfehlungen oder Vorschläge, die hier gemacht werden, nur zu Unterhaltungszwecken dienen. Vor der Durchführung von Maßnahmen, die in diesem Buch empfohlen werden, sollten bei Bedarf Fachleute konsultiert werden.

Diese Erklärung wird sowohl von der American Bar Association als auch vom Committee of Publishers Association als fair und gültig angesehen und ist in den gesamten Vereinigten Staaten rechtsverbindlich.

Die Informationen auf den folgenden Seiten werden im Großen und Ganzen als wahrheitsgemäße und genaue Darstellung von Tatsachen betrachtet, und als solche liegen alle daraus resultierenden Handlungen ausschließlich in der Verantwortung des Lesers, wenn er die Informationen nicht beachtet, verwendet oder missbraucht. Es gibt keine Szenarien, in denen der Herausgeber oder der ursprüngliche Autor dieses Werkes in irgendeiner Weise für Härten oder Schäden haftbar gemacht werden kann, die ihnen nach der Aufnahme der hier beschriebenen Informationen entstehen könnten.

Darüber hinaus dienen die Angaben auf den folgenden Seiten ausschließlich Informationszwecken und sind daher als allgemeingültig zu betrachten. Sie werden ihrer Natur entsprechend ohne Gewähr für ihre dauerhafte Gültigkeit oder Zwischenqualität präsentiert. Die Erwähnung von Warenzeichen erfolgt ohne schriftliche Zustimmung und kann in keiner Weise als Zustimmung des Warenzeicheninhabers gewertet werden.

EINLEITUNG

Es scheint, dass jeder auf einer Keto-Diät ist; sie sind überall, wo man hinschaut. Es gibt Keto-Diät-Kochbücher, Keto-Diät-Rezepte, sowie zahlreiche YouTube-Kanäle und Videos zur Keto-Diät. Was ist die Keto-Diät? Die Keto-Diät ist ein spezielles Diätprogramm mit wenig Kohlenhydraten, mäßig viel Eiweiß und viel Fett, das sich darauf konzentriert, den Körper in einen Zustand der Ketose zu versetzen. Die Ketose kann durch eine drastische Reduzierung der Kohlenhydratzufuhr oder durch Fasten erreicht werden.

. Wenn der Körper beginnt, gespeichertes Fett zur Energiegewinnung zu verbrennen, erscheinen Ketone im Blut. Ketone werden produziert, wenn der Zugang zu Kohlenhydraten aus der Nahrung oder aus gespeichertem Körperfett eingeschränkt ist. Wenn der Körper Ketone zur Energiegewinnung verbrennt, befindet er sich in einem Zustand der "Ketose".

Was sind Ketone?

Ketonkörper erscheinen im Blut, wenn die Glukoseproduktion aus den Glykogenspeichern erschöpft ist. Die Muskeln und die Leber speichern Glykogen, das aus langen Ketten von Glukosemolekülen besteht. Die Ketten lassen sich relativ leicht in Glukose aufspalten. Durch den Abbau gelangt die Glukose in die Blutbahn und lässt den Blutzuckerspiegel ansteigen.

Die Leber ist in der Lage, Ketone aus Fett zu produzieren. Sie erscheinen im Blut als Ergebnis des Fettsäureabbaus und haben mehrere wichtige Funktionen, die beinhalten:

Verbesserung der neurologischen Funktion

Erhöhte Wachsamkeit

Bereitstellung von Energie für lebenswichtige Organe wie Herz und Gehirn, die keine Fettsäuren zur Energiegewinnung verbrennen können.

Fettsäuren werden auch zur Herstellung von Coenzym Q10 (CoQ10) verwendet, einem wichtigen fettlöslichen Antioxidans im Körper, das das Herz, das Gehirn und viele andere Funktionen unterstützt. Q10 hilft bei der Energieversorgung der Mitochondrien in den Zellen und setzt Energie aus ATP frei. Ketone spielen auch eine Rolle bei der Kontrolle des Blutzuckerspiegels, indem sie helfen, die Insulinempfindlichkeit aufrechtzuerhalten (siehe diesen Artikel für Details).

Die Keto-Diät ist eine Diät mit wenig Kohlenhydraten, mäßigem Eiweiß und viel Fett. Sie funktioniert, indem sie den Körper von der Verwendung von Glukose (Zucker) zur Energiegewinnung auf die Verwendung von metabolisch aktiven Ketonen umstellt. Glukose ist die Hauptenergiequelle des Körpers in Form von Glykogen, das in der Leber und den Muskeln gespeichert ist. Der Prozess des Abbaus und der Verwendung von Glukose zur Energiegewinnung wird Glykolyse genannt.

Es ist einer der Schlüsselprozesse, die der Körper zur Energieerzeugung und Aufrechterhaltung der Homöostase verwendet. Glukose wird für die Muskelkontraktion, die Proteinsynthese und andere zelluläre Aktivitäten verwendet. Sie produziert ATP und Adenosindiphosphat (ADP). Wenn der Blutzuckerspiegel unter den Normalbereich fällt, wird der

Körper gibt gespeicherte Glukose aus der Leber frei, was als Glykogenolyse bezeichnet wird. Dieser Prozess ermöglicht die Freisetzung von Glukose in den Blutkreislauf zur Energiegewinnung. Die Glykogenolyse wird durch Hormone wie Glukagon, Epinephrin und Wachstumshormon ausgelöst. Sie findet auch nach den Mahlzeiten statt, um den Blutzuckerspiegel aufrechtzuerhalten. Wenn dieser Prozess nicht aktiv genug ist, gibt der Körper Glykogenspeicher frei. Der Körper kann bis zu 2.000 Kalorien Glukose und Glykogen speichern, die in der Leber und den Muskeln untergebracht sind. Während des Fastens baut die Leber Fett zu Ketonen ab, um das Energieniveau aufrechtzuerhalten und andere lebenswichtige Organe wie das Herz und das Gehirn mit Energie zu versorgen.

Die ketogene Diät basiert auf der Autophagie. Dieser Prozess bedeutet, dass der Körper die Fähigkeit hat, zelluläre Speicher für Energie abzubauen und zu nutzen, ohne Glukose oder Protein aus externen Quellen verwenden zu müssen. Die Autophagie wird durch das Nährstoff-Signalmolekül AMP-aktivierte Proteinkinase (AMPK) gesteuert. Die Bedeutung der AMPK, ein Ziel vieler verschiedener Interventionen, wurde erstmals in den frühen 1980er Jahren entdeckt. Es wurde als "Hauptregulator der metabolischen Homöostase" bezeichnet, weil es Schalter und Sensoren in der Zelle an- und ausschaltet, um Stoffwechselprozesse zu regulieren. Autophagie ist ein wichtiger Prozess, der die zelluläre Gesundheit aufrechterhält, die Lebensspanne einer Person reguliert, indem er geschädigte oder kranke Zellen entfernt, und der eine Rolle bei der Langlebigkeit spielt. In diesem Artikel werden wir einen Blick auf die ketogene Diät werfen, da sie sich auf die Autophagie-Forschung bezieht.

FRÜHSTÜCK

Schnell gekochte Eier

Zubereitungszeit: 3 Minuten

Kochzeit: 2 Minuten

Portionen: 1

ZUTATEN:

- 2 Eier
- Salz, Pfeffer
- 1 Teelöffel Mayonnaise
- 2 Schinken-Delikatessen-Scheiben
- Koriander, eine Handvoll

RICHTUNG

1. Kochen Sie die Eier nach Belieben.

2. Mit Salz und Pfeffer würzen.
3. Schneiden Sie die Eier in Hälften.
4. Über dem Koriander anrichten.
5. Mit Mayonnaise servieren.

ERNÄHRUNG: Kohlenhydrate - 6,5 g Netto-Kohlenhydrate - 5 g Fett -7 g Eiweiß - 8 g Kalorien - 135

Wurstbratensoße

Zubereitungszeit: 10 Minuten

Kochzeit: 15 Minuten

Portionen: 8

ZUTATEN:

- 1/3 Tasse Tapiokamehl
- 1 Liter Mandelmilch
- 1 lb. Schweinswurst
- 1 Prise Pfeffer

RICHTUNG:

1. Braten Sie die Wurst in einer Pfanne 5 Minuten lang.
2. Streuen Sie das Mehl über die Wurst und rühren Sie es gut um. Etwa 5-7 Minuten kochen.
3. Milch hinzufügen; zugedeckt bei mittlerer Hitze kochen, bis die Mischung dickflüssig ist.

4. Fügen Sie den Pfeffer hinzu. Servieren.

ERNÄHRUNG: Kohlenhydrate - 11 g Netto-Kohlenhydrate - 8,3 g Fett - 44,7 g Eiweiß - 13,8 g Kalorien - 486

Mexikanischer Frühstücksauflauf

Zubereitungszeit: 5 Minuten

Kochzeit: 4 Stunden 20 Minuten

Portionen: 10

ZUTATEN:

- 12 oz gemahlene Wurst
- ½ Teelöffel Koriander
- 1 Teelöffel Chilipulver
- ¼ Teelöffel Salz
- 1 Tasse zubereitete Salsa
- 1 Tasse 1% Milch
- ½ Teelöffel Knoblauchpulver
- 1 Teelöffel Kreuzkümmel
- ¼ Teelöffel Salz

- 10 Eier
- 1 Tasse Käse

RICHTUNG:

1. Die Wurst in einer Pfanne gut durchbraten, Salsa und Gewürze dazugeben und durchwärmen.
2. Verquirlen Sie Milch und Eier in einer Schüssel.
3. Wurst mit Gewürzen zu den Eiern geben.
4. Geben Sie den Käse zu den Eiern.
5. Rühren Sie die Zutaten vollständig um.
6. Fetten Sie einen Slow Cooker-Boden ein.
7. Geben Sie alle Zutaten in den Kocher.
8. Kochen Sie das Ganze zugedeckt ca. 4 Stunden auf niedriger Stufe.

ERNÄHRUNG: Kohlenhydrate - 5,2 g Netto-Kohlenhydrate - 4,4 g Fett - 24,1 g Eiweiß - 17,9 g Kalorien - 320

Low Carb Leichtes Mandelmehl

Zubereitungszeit: 3 Minuten

Kochzeit: 5 Minuten

Portionen: 5

ZUTATEN

- 1 Tasse Mandelmehl oder Mandelmehl
- 1 Tasse Wasser
- 1/3 Tasse Parmesankäse, gerieben
- Salz, Pfeffer, nach Geschmack

RICHTUNG:

1. Geben Sie das Mandelmehl, Wasser und Salz in einen Topf und verquirlen Sie es, bis es klumpenfrei ist. Kochen Sie die Mischung bei mittlerer Hitze unter gelegentlichem Rühren 5 Minuten lang.

2. Vom Herd nehmen. Den Käse einrühren, bis er geschmolzen ist; mit dem Pfeffer abschmecken.
3. In Servierschalen gießen.

ERNÄHRUNG: Kohlenhydrate - 4,3 g Netto-Kohlenhydrate - 4,3 g Fett - 11 g Eiweiß - 6,2 g Kalorien - 132

Himbeere Chia Pudding Shots

Zubereitungszeit: 1 Stunde, oder über Nacht

Kochzeit: 15 Minuten

Portionen: 2

ZUTATEN:

- ¼ Tasse Chiasamen
- ½ Tasse Himbeeren
- ½ Tasse Kokosnussmilch
- ¼ Tasse Mandelmilch
- 1 Esslöffel Kakao-Pulver
- 1 Esslöffel Stevia

RICHTUNG

1. Kombinieren Sie alle Zutaten außer den Himbeeren in einem Gefäß.
2. Lassen Sie sie 2-3 Minuten stehen und füllen Sie sie in Shot-Gläser um.
3. 1 Stunde oder über Nacht kühlen und als Frühstück servieren.
4. Mit frischen Himbeeren servieren.

ERNÄHRUNG: Kohlenhydrate - 5 g Netto-Kohlenhydrate - 8,5 g Fett - 19 g Eiweiß - 5 g Kalorien - 240

Lachs-Pastetchen

Zubereitungszeit: 15 Minuten

Kochzeit: 20 Minuten

Portionen: 4

ZUTATEN:

- 2 7-oz-Dosen rosa Lachs
- 2 Esslöffel Tapiokamehl
- 2 Eier, verquirlt
- 1 Zwiebel, gewürfelt
- Salz, Pfeffer, nach Geschmack
- ½ Tasse Rapsöl

RICHTUNG:

1. Entfernen Sie die Gräten aus dem Lachs. Geben Sie ihn in eine Schüssel mit der Flüssigkeit.
2. Rühren Sie die Eier, die Zwiebel, das Mehl, das Salz und den Pfeffer ein.
3. Schlagen Sie die Mischung mit einem elektrischen Mixer.
4. Schöpfen Sie die Lachsmischung in die Pfanne und formen Sie sie zu runden Pastetchen.
5. 10 Minuten kochen, umdrehen und weitere 10 Minuten kochen.

ERNÄHRUNG: Kohlenhydrate - 9,2 g Netto-Kohlenhydrate - 8,5 g Fett - 35,9 g Eiweiß - 22,7 g Kalorien - 446

Würziger Speck-Ei-Salat

Zubereitungszeit: 5 Minuten

Kochzeit: 15 Minuten

Portionen: 6

ZUTATEN:

- 5 hartgekochte Eier
- ¼ Tasse Mayonnaise
- 3 Scheiben Speck
- 2 Esslöffel Speckfett
- ¼ rote Zwiebel
- 2 Teelöffel Dijon-Senf
- ¼ Teelöffel Cayennepfeffer
- ¼ Teelöffel schwarzer Pfeffer

RICHTUNG:

1. Schneiden Sie den Speck in Scheiben und braten Sie ihn in einer Pfanne bei mittlerer Hitze, bis er knusprig ist.
2. Schneiden Sie die rote Zwiebel in Scheiben.
3. Nehmen Sie den Speck aus der Pfanne und bewahren Sie das Bratfett in der Pfanne auf.
4. Geben Sie das Speckfett zu den hartgekochten Eiern.
5. Geben Sie die rote Zwiebel, die Mayonnaise und den Dijon-Senf zu den Eiern.
6. Zerdrücken Sie die Eier nach Belieben.
7. Cayennepfeffer und schwarzen Pfeffer zugeben, verrühren.
8. Fügen Sie den Speck hinzu und heben Sie ihn vorsichtig unter.
9. Servieren

ERNÄHRUNG: Kohlenhydrate - 2,8 g Netto-Kohlenhydrate - 2,1 g Fett - 30,9 g Eiweiß - 15,5 g Kalorien - 344

Feta-Oliven-Rührei

Zubereitungszeit: 10 Minuten

Kochzeit: 7 Minuten

Portionen: 1

ZUTATEN:

- 3 Eier
- 2 Esslöffel zerbröckelter Feta-Käse
- 5 Oliven
- ½ Teelöffel Meersalz
- 2 Esslöffel Olivenöl
- Grüne Zwiebeln, zum Garnieren

RICHTUNG

1. Stellen Sie Ihre Bratpfanne auf mittlere Hitze und lassen Sie sie heiß werden, bevor Sie das Olivenöl hinzufügen.

2. Eier verquirlen und rühren, bis sie fest sind.
3. Eier auf den Teller geben, mit zerbröseltem Feta-Käse, Oliven und grünen Zwiebeln belegen. Servieren.

ERNÄHRUNG: Kohlenhydrate - 4 g Netto-Kohlenhydrate - 3 g Fett - 46 g Eiweiß - 19 g Kalorien - 510

Apfel-Würstchen

Zubereitungszeit: 5 Minuten

Kochzeit: 10 Minuten

Portionen: 6

ZUTATEN:

- 2 Äpfel, geschält, entkernt, gewürfelt
- 6 Frühstückswürstchen
- 4 Esslöffel Pflanzenöl
- 1 Esslöffel brauner Zucker

RICHTUNG:

1. Legen Sie die Glieder in eine gusseiserne Bratpfanne. Gießen Sie Wasser, bis der Boden der Pfanne bedeckt ist. Geben Sie das Öl hinzu.
2. Kochen Sie bei mittlerer Hitze, bis das Wasser verdampft ist.
3. Fügen Sie die Äpfel und den Zucker hinzu; kochen Sie für 5 Minuten. Servieren.

ERNÄHRUNG: Kohlenhydrate - 9,2 g Netto-Kohlenhydrate - 7,5 g Fett - 13,7 g Eiweiß - 2,1 g Kalorien - 162

Gegrilltes Käsesandwich

Zubereitungszeit: 5 Minuten

Kochzeit: 15 Minuten

Portionen: 1

ZUTATEN:

- 2 Eier
- 2 Esslöffel Mandelmehl
- 1½ Esslöffel Flohsamenschalenpulver
- ½ Teelöffel Backpulver
- 2 Esslöffel weiche Butter,
- 2 Unzen Cheddar-Käse
- 1 Esslöffel Butter

RICHTUNG:

1. Weichen Sie die Butter auf Zimmertemperatur auf und fügen Sie das Mandelmehl, die Flohsamenschalen und das Backpulver hinzu.
2. Kombinieren Sie alles zusammen, um einen Teig herzustellen.
3. Fügen Sie die Eier hinzu und vermengen Sie sie.
4. Geben Sie die Mischung in einen Behälter, vorzugsweise einen quadratischen.
5. Mikrowelle für 90 Sekunden.
6. Schneiden Sie das Brot in zwei Hälften.
7. Verteilen Sie den Käse auf die Brothälften.
8. Schmelzen Sie 1 Esslöffel Butter bei mittlerer Hitze.
9. Braten Sie das Sandwich auf beiden Seiten.

ERNÄHRUNG: Kohlenhydrate - 4,9 g Netto-Kohlenhydrate - 4,7 g Fett - 70 g Eiweiß - 29 g Kalorien - 793

Gebratener Spargel, Speck und Eierauflauf

Zubereitungszeit: 5 Minuten

Kochzeit: 20 Minuten

Portionen: 4

ZUTATEN:

- 12 Scheiben ungehärteter Speck
- 16 bis 20 Spargelstangen, holzige Enden abgeschnitten und weggeworfen
- Salz, frisch gemahlener schwarzer Pfeffer nach Geschmack
- 8 große Eier

RICHTUNG:

1. Heizen Sie den Ofen auf 425°F vor.
2. Braten Sie den Speck in einer ofenfesten Pfanne. Wenden Sie die Scheiben alle paar Minuten mit einer Zange und braten

Sie sie, bis der Speck zu 75 % durchgebraten ist, 5 bis 7 Minuten. Übertragen Sie ihn auf einen mit Papiertüchern ausgelegten Teller.

3. Lassen Sie das Speckfett aus der Pfanne ab, so dass 3 EL Speckfett in der Pfanne verbleiben. Die geputzten Spargelstangen in die Pfanne geben, mit Salz und Pfeffer würzen und schwenken, bis sie mit Fett bedeckt sind.
4. Im Ofen ca. Minuten backen, bis die Stangen anfangen, weich zu werden. Aus dem Ofen nehmen und den Spargel mit einer Zange wenden.
5. Geben Sie den Speck zurück in die Pfanne. Knacken Sie die Eier über den Speck und den Spargel.
6. Bringen Sie die Pfanne wieder in den Ofen und backen Sie sie 5 bis 7 Minuten lang, oder bis die Eier den gewünschten Gargrad erreicht haben.
7. Sofort servieren.

ERNÄHRUNG: Kohlenhydrate - 8 g Netto-Kohlenhydrate - 3 g Fett - 27 g Eiweiß - 23 g Kalorien - 370

Räucherlachs-Rührei

Zubereitungszeit: 10 Minuten

Kochzeit: 5 Minuten

Portionen: 1

ZUTATEN:

- 2 Eier
- 1 Frühlingszwiebel, gehackt
- 2 Unzen Räucherlachs, grob gehackt
- 1½ Esslöffel Butter

RICHTUNG:

1. Verquirlen Sie in einer Schüssel die Eier, die Schalotten und den Lachs.
2. Stellen Sie eine große Pfanne auf mittlere bis hohe Hitze. Lassen Sie sie heiß werden und schmelzen Sie dann die Butter.
3. Die Eimischung hineingießen und verrühren, bis sie fest wird.

ERNÄHRUNG: Kohlenhydrate - 1 g Netto-Kohlenhydrate - 1 g Fett - 14 g Eiweiß - 11 g Kalorien - 177

Heidelbeer-Ricotta-Pfannkuchen

Zubereitungszeit: 5 Minuten

Kochzeit: 5 Minuten

Portionen: 5

ZUTATEN:

- 3 Eier
- ¾ Tasse Ricotta
- ½ Teelöffel Vanilleextrakt
- ¼ Tasse ungesüßte Mandelmilch
- 1 Tasse Mandelmehl
- ½ Tasse goldenes Leinsamenmehl
- ¼ Teelöffel Salz
- 1 Teelöffel Backpulver
- ¼ Teelöffel Stevia-Pulver
- ¼ Tasse Heidelbeeren

RICHTUNG:

1. Heizen Sie Ihre Bratpfanne auf mittlere Stufe vor.
2. Vermengen Sie die Eier, Ricotta, Vanilleextrakt und Mandelmilch.
3. Mischen Sie in einer separaten Schüssel das Mandelmehl, Leinsamenmehl, Salz, Backpulver und Stevia zusammen.
4. Fügen Sie die Mehlmischung langsam zu den vermengten Zutaten hinzu. Mischen Sie, bis die Masse glatt ist.
5. Halbieren Sie die Heidelbeeren.
6. Rühren Sie die Hälfte der Blaubeeren unter den Teig.
7. Schmelzen Sie die Butter in der Pfanne.
8. Geben Sie für jeden Pfannkuchen ¼ Tasse der Mischung in die Pfanne und wenden Sie sie, wenn sie auf der ersten Seite gebräunt ist.
9. Servieren und mit Beeren bestreuen.

ERNÄHRUNG: Kohlenhydrate - 7 g Netto-Kohlenhydrate - 6 g Fett - 23 g Eiweiß - 13,4 g Kalorien - 296,6

Frühstück Quadrate

Zubereitungszeit: 5 Minuten

Kochzeit: 1 Stunde

Portionen: 3

ZUTATEN:

- 8 oz Mozzarella-Käse, zerkleinert
- 8 oz Cheddar-Käse, geschreddert
- 6 Eier, verquirlt
- 2 Jalapeño-Paprika, gewürfelt
- 4 Esslöffel Butter

RICHTUNG:

1. Vermengen Sie die Eier und den Käse.
2. Buttern Sie den Boden einer 8×8-Pfanne; geben Sie die Jalapeño-Paprika hinein. Rühren Sie die Käsemischung ein.
3. 30 Minuten bei 350°F backen, dann weitere 30 Minuten bei 250°F.

ERNÄHRUNG: Kohlenhydrate - 4,4 g Netto-Kohlenhydrate - 4,4 g Fett - 62,6 g Eiweiß - 51,6 g Kalorien - 782

Englisches Frühstück

Zubereitungszeit: 5 Minuten

Kochzeit: 20 Minuten

Portionen: 4

ZUTATEN:

- 4 große Eier
- 8 Scheiben ungehärteter Speck
- 4 Wurstscheiben
- 2 Tassen geschnittene Champignons
- 2 Tomaten, in Scheiben geschnitten
- Salz, schwarzer Pfeffer nach Geschmack

RICHTUNG:

1. Kochen Sie die Eier in einer großen Pfanne nach Belieben: Rührei, Spiegelei, pochiertes Ei, usw. Nehmen Sie sie aus der Pfanne und stellen Sie sie beiseite.

2. Braten Sie den Speck und die Würstchen in derselben Pfanne 8 bis 10 Minuten lang, bis sie gebräunt sind. Auf einen mit Papiertüchern ausgelegten Teller geben.
3. Geben Sie die in Scheiben geschnittenen Pilze zum ausgelassenen Speck und Wurstfett in der Pfanne. Unter ständigem Rühren 3 Minuten braten. Tomatenscheiben zugeben. Weitere 2 Minuten braten.
4. Richten Sie die Eier, den Speck, die Wurst, die Pilze und die Tomaten ansprechend auf einem Teller an. Mit Salz und Pfeffer würzen und servieren.

ERNÄHRUNG: Kohlenhydrate - 9 g Netto-Kohlenhydrate - 4 g Fett - 34 g Eiweiß - 17 g Kalorien - 404

NETZWERK

Keto Rotes Curry

Zubereitungszeit: 20 Minuten

Kochzeit: 15-20 min

Portionieren: 6

ZUTATEN:

- 1 Tasse Brokkoli-Röschen
- 1 große Handvoll frischer Spinat
- 4 Esslöffel Kokosnussöl
- 1/4 mittlere Zwiebel
- 1 Teelöffel Knoblauch, gehackt
- 1 Teelöffel frischer Ingwer, geschält und gehackt
- 2 Teelöffel Sojasauce
- 1 Esslöffel rote Currypaste
- 1/2 Tasse Kokosnusscreme

RICHTLINIE:

1. Geben Sie die Hälfte des Kokosöls in einen Kochtopf und erhitzen Sie es bei mittlerer bis hoher Hitze.
2. Wenn das Öl heiß ist, geben Sie die Zwiebel in die Pfanne und braten Sie sie 3-4 Minuten lang an, bis sie halbwegs glasig ist.

3. Sautieren Sie den Knoblauch unter Rühren, bis er duftet, etwa 30 Sekunden.
4. Senken Sie die Hitze auf mittlere bis niedrige Stufe und fügen Sie die Brokkoliröschen hinzu. Unter Rühren ca. 1-2 Minuten anbraten.
5. Geben Sie nun die rote Currypaste hinzu. Sautieren Sie, bis die Paste duftet, und mischen Sie dann alles.
6. Geben Sie den Spinat oben auf die Gemüsemischung. Wenn der Spinat zu welken beginnt, die Kokosnusscreme hinzufügen und umrühren.
7. Fügen Sie das restliche Kokosnussöl, die Sojasauce und den gehackten Ingwer hinzu. Bringen Sie das Ganze 5-10 Minuten zum Köcheln. Heiß servieren.

ERNÄHRUNG: Kalorien: 265, Fett: 7,1 g, Ballaststoffe: 6,9 g, Kohlenhydrate: 2,1g, Eiweiß: 4,4g.

Süß-saurer Tempeh

Zubereitungszeit: 10 Minuten

Kochzeit: 25 Minuten

Portionieren: 4

ZUTATEN:

- Tempeh
- 1 Packung Tempeh
- 3/4 Tasse Gemüsebrühe
- 2 Esslöffel Sojasauce
- 2 Esslöffel Olivenöl
- Sauce
- 1 Dose Ananassaft
- 2 Esslöffel brauner Zucker
- 1/4 Tasse weißer Essig
- 1 Esslöffel Speisestärke
- 1 rote Paprika
- 1 gehackte weiße Zwiebel

RICHTLINIE:

1. Stellen Sie eine Bratpfanne auf hohe Hitze. Gießen Sie die Gemüsebrühe und das Tempeh hinein.
2. Geben Sie die Sojasauce zum Tempeh. Lassen Sie es kochen, bis es weich wird. Dies dauert normalerweise 10 Minuten.
3. Wenn es gut gekocht ist, entfernen Sie das Tempeh und bewahren Sie die Flüssigkeit auf. Wir werden sie für die Sauce verwenden.
4. Geben Sie das Tempeh in eine andere Pfanne, die Sie auf mittlere Hitze stellen.

5. Braten Sie es mit Olivenöl an und kochen Sie es, bis das Tempeh gebräunt ist. Dies sollte 3 Minuten dauern.
6. Stellen Sie einen Topf mit der reservierten Flüssigkeit vom gekochten Tempeh auf mittlere Hitze.
7. Fügen Sie den Ananassaft, den Essig, den braunen Zucker und die Speisestärke hinzu. Rühren Sie alles zusammen, bis es gut vermischt ist. Lassen Sie es 5 Minuten lang köcheln.
8. Geben Sie die Zwiebel und die Paprika in die Sauce. Unterrühren, bis die Sauce dickflüssig ist.
9. Reduzieren Sie die Hitze, geben Sie das gekochte Tempeh und die Ananasstücke in die Sauce. Lassen Sie es zusammen köcheln.
10. Vom Herd nehmen und mit einer beliebigen Getreidespeise Ihrer Wahl servieren.

ERNÄHRUNG: Kalorien: 312, Fett: 10g, Ballaststoffe: 4,1g, Kohlenhydrate: 2,1g, Eiweiß: 5,2g.

Keto Wraps mit Frischkäse und Lachs

Zubereitungszeit: 5 Minuten

Kochzeit: 10 Minuten

Portion: 2

ZUTATEN:

- 80 g Frischkäse
- 1 Esslöffel Dill oder andere frische Kräuter
- 30 g Räucherlachs
- 1 Ei
- 15 g Butter
- Prise Cayennepfeffer
- Pfeffer und Salz

RICHTLINIE:

1. Schlagen Sie das Ei in einer Schüssel gut auf. Mit 1 Ei können Sie zwei dünne Wraps in einer kleinen Bratpfanne herstellen.
2. Schmelzen Sie die Butter bei mittlerer Hitze in einer kleinen Bratpfanne. Sobald die Butter geschmolzen ist, geben Sie die Hälfte des geschlagenen Eies in die Pfanne. Bewegen Sie die Pfanne hin und her, sodass der gesamte Boden mit einer sehr dünnen Schicht Ei bedeckt ist. Drehen Sie die Hitze herunter.
3. Lösen Sie das Ei an den Rändern vorsichtig mit einem Silikonspatel und wenden Sie das hauchdünne Omelett, sobald das Ei nicht mehr tropft (ca. 45 Sekunden bis 1 Minute). Sie können dies tun, indem Sie es auf einen Deckel oder Teller gleiten lassen und dann zurück in die Pfanne

schieben. Lassen Sie die andere Seite noch ca. 30 Sekunden braten und nehmen Sie es dann aus der Pfanne. Das Omelett muss schön hellgelb sein. Wiederholen Sie den Vorgang für das restliche verquirlte Ei.

4. Sobald die Omeletts fertig sind, lassen Sie sie auf einem Schneidebrett oder Teller abkühlen und bereiten Sie die Füllung zu. Schneiden Sie den Dill in kleine Stücke und geben Sie ihn in eine Schüssel.
5. Fügen Sie den Frischkäse und den in kleine Stücke geschnittenen Lachs hinzu. Mischen. Fügen Sie ein klein wenig Cayennepfeffer hinzu und mischen Sie gut. Sofort abschmecken und dann mit Salz und Pfeffer würzen.
6. Verteilen Sie eine Schicht auf dem Wrap und rollen Sie ihn auf. Schneiden Sie den Wrap in zwei Hälften und bewahren Sie ihn im Kühlschrank auf, bis Sie ihn essen möchten.

ERNÄHRUNG: Kalorien: 237, Kohlenhydrate: 14,7 g, Eiweiß: 15 g, Fett: 5 g.

Thunfisch-Kasserolle

Zubereitungszeit: 15 Minuten

Kochzeit: 10 Minuten

Portionieren: 4

ZUTATEN:

- Sechzehn Unzen Thunfisch in Öl
- Zwei Esslöffel Butter
- Salz
- Schwarzer Pfeffer
- Ein Teelöffel Chilipulver
- Staudensellerie, sechs Stängel
- Grüne Paprika, eine
- Eine gelbe Zwiebel
- Vier Unzen Parmesankäse, gerieben
- Eine Tasse Mayonnaise

RICHTLINIE:

1. Ofen auf 400°F vorheizen.
2. Braten Sie die Zwiebel-, Paprika- und Selleriekoteletts innerhalb von fünf Minuten in der geschmolzenen Butter.
3. Mischen Sie das Chilipulver, den Parmesankäse, den Thunfisch und die Mayonnaise.
4. Fetten Sie eine Backform ein. Geben Sie die Thunfischmischung in das gebratene Gemüse.
5. Innerhalb von zwanzig Minuten backen. Servieren.

ERNÄHRUNG: Kalorien 953, Netto-Kohlenhydrate 5g, Fett 83g, Protein 43g.

Keto Hamburger

Zubereitungszeit: 15 Minuten

Kochzeit: 30 Minuten

Portionieren: 4

ZUTATEN:

- Für die Burgerbrötchen:
- Zwei Tassen Mandelmehl
- Fünf Esslöffel gemahlenes Flohsamenschalenpulver
- Zwei Teelöffel Backpulver
- Ein Teelöffel Salz
- 1&1/2 Tasse Wasser
- Zwei Teelöffel Apfelessig
- Drei Eiweiß
- Ein Esslöffel Sesamsaat
- Für den Hamburger:
- Zwei Pfund Rindfleisch
- 1 Unze Olivenöl
- Pfeffer und Salz
- 1&1/2-Unzen Kopfsalat
- Eine Tomate
- Eine rote Zwiebel
- Halbe Tasse Mayonnaise
- Fünf Unzen Speck

RICHTLINIE:

1. Heizen Sie Ihren Ofen auf 150 °F vor.

2. Mischen Sie die aufgeführten trockenen Elemente für die Brötchen in einer Schüssel. Bringen Sie das Wasser zum Kochen. Geben Sie Eiweiß, Wasser und Essig in die Trockenmischung. Mischen.
3. Einzelne Brötchenstücke formen, mit Sesam bestreuen. Sechzig Minuten lang backen.
4. Braten Sie die Speckscheiben an. Beiseite stellen.
5. Mischen Sie Rindfleisch, Pfeffer und Salz in einer Schüssel. Machen Sie Patties. Grillen Sie die Rinderpastetchen fünf Minuten lang auf jeder Seite.
6. Vermengen Sie Mayonnaise und Salat in einer Schüssel. Schneiden Sie die Brötchen in zwei Hälften. Rindfleisch-Patty, Salatmischung, Zwiebelscheibe und eine Tomatenscheibe darauf legen. Mit Speckscheiben belegen. Servieren.

ERNÄHRUNG: Kalorien: 1070,3, Eiweiß: 53,4 g, Kohlenhydrate: 6,1 g, Fett: 85,3 g, Ballaststoffe: 12,3 g.

Hähnchenflügel und Blauschimmelkäse-Dressing

Zubereitungszeit: 70 Minuten

Kochzeit: 25 Minuten

Portionieren: 4

ZUTATEN:

- Ein Drittel der Tasse Mayonnaise
- Eine viertel Tasse saure Sahne
- Drei Teelöffel Zitronensaft
- Ein Viertel Teelöffel von jedem:
- Salz
- Knoblauchpulver
- Halbe Tasse Schlagsahne
- 3 Unzen Blauschimmelkäse
- Für die Chicken Wings:
- Zwei Pfund Hähnchenflügel
- Zwei Esslöffel Olivenöl
- Ein viertel Teelöffel Knoblauchpulver
- Eine Knoblauchzehe
- Ein Drittel Teelöffel schwarzer Pfeffer
- Ein Teelöffel Salz
- Zwei Unzen Parmesan-Käse

RICHTLINIE:

1. Mischen Sie alle Bestandteile des Blauschimmelkäse-Dressings in einer Schüssel. Kühlen Sie es innerhalb von 40 Minuten.

2. Kombinieren Sie das Huhn mit Olivenöl und Gewürzen. Marinieren Sie für 30 Minuten.
3. Backen Sie die Hähnchenflügel fünfundzwanzig Minuten lang im Ofen. Die Hähnchenflügel mit Parmesankäse in einer Schüssel vermengen.
4. Mit Blauschimmelkäse-Dressing als Beilage servieren.

ERNÄHRUNG: Kalorien: 839,3, Eiweiß: 51,2 g, Kohlenhydrate: 2,9 g, Fett: 67,8 g, Ballaststoffe: 0,2 g.

Keto Speck Sushi

Zubereitungszeit: 15 Minuten

Kochzeit: 13 Minuten

Portionieren: 4

ZUTATEN:

- Sechs Scheiben Speck
- Eine Avocado
- Zwei persische Gurken
- Zwei mittlere Möhren
- 4 Unzen Frischkäse

RICHTLINIE:

1. Heizen Sie den Ofen auf 400°F vor. Legen Sie ein Backblech aus. Speckhälften in einer gleichmäßigen Schicht auflegen und 11 bis 13 Minuten backen.
2. Schneiden Sie in der Zwischenzeit Gurken, Avocado und Karotten in Teile, die etwa so breit wie der Speck sind.
3. Verteilen Sie eine gleichmäßige Schicht Frischkäse auf dem abgekühlten Speck.
4. Gemüse gleichmäßig aufteilen und auf ein Ende legen. Gemüse straff aufrollen. Garnieren und servieren.

ERNÄHRUNG: Kohlenhydrate 11g, Eiweiß 28g, Fett 30g.

Cole Slaw Keto Wrap

Zubereitungszeit: 15 Minuten

Kochzeit: 0 Minuten

Portion: 2

ZUTATEN:

- 3 Tassen Rotkohl
- 0,5 c grüne Zwiebeln
- 0,75 Tasse Mayo
- 2 Teelöffel Apfelweinessig
- 0,25 Teelöffel Salz
- 16 Stk. Collard Grün
- 1 Pfund Hackfleisch, gekocht
- 0,33 Tasse Alfalfa-Sprossen
- Zahnstocher

RICHTLINIE:

1. Mischen Sie die Salatbestandteile mit einem Löffel in einer großen Schüssel.
2. Legen Sie ein Grünkohlblatt auf einen Teller und schöpfen Sie einen Esslöffel Krautsalat auf den Rand des Blattes. Geben Sie eine Kugel Fleisch und Sprossen darauf. Rollen Sie die Seiten ein und klappen Sie sie zu.
3. Setzen Sie die Zahnstocher ein. Servieren.

ERNÄHRUNG: Kalorien: 409, Netto-Kohlenhydrate: 4g, Ballaststoffe: 2g, Fett: 42g, Eiweiß: 2g.

Lachs-Burger mit Zitronenbutter und Mash

Zubereitungszeit: 40 Minuten

Kochzeit: 15 Minuten

Portionieren: 4

ZUTATEN:

- Für die Lachs-Burger:
- Zwei Pfund Lachs
- Ein Ei
- Halbe gelbe Zwiebel
- Ein Teelöffel Salz
- Halber Teelöffel schwarzer Pfeffer
- Zwei Unzen Butter
- Für das grüne Püree:
- Ein Pfund Brokkoli
- Fünf Unzen Butter
- Zwei Unzen Parmesan-Käse
- Pfeffer
- Salz
- Für die Zitronenbutter:
- Vier Unzen Butter
- Zwei Esslöffel Zitronensaft
- Pfeffer
- Salz

RICHTLINIE:

1. Heizen Sie Ihren Ofen auf 100 °F vor.

2. Schneiden Sie den Lachs in kleine Stücke. Kombinieren Sie alle Burgerteile mit dem Fisch in einem Mixer. Dreißig Sekunden lang pulsieren. Machen Sie acht Patties.
3. Erhitzen Sie Butter in einer Eisenpfanne. Braten Sie die Burger fünf Minuten lang an.
4. Kochen Sie Wasser, zusammen mit etwas Salz in einem Topf, geben Sie die Brokkoliröschen hinein. Drei bis vier Minuten kochen. Abgießen. Parmesankäse und Butter hinzufügen.
5. Pürieren Sie die Zutaten mit einem Stabmixer. Fügen Sie Pfeffer und Salz hinzu.
6. Kombinieren Sie Zitronensaft mit Butter, Pfeffer und Salz. Mit einem elektrischen Rührgerät schlagen.
7. Geben Sie einen Klecks Zitronenbutter oben drauf und ein grünes Püree an die Seite. Servieren.

ERNÄHRUNG: Kalorien: 1025,3, Eiweiß: 44,5 g, Kohlenhydrate: 6,8 g, Fett: 90,1 g, Ballaststoffe: 3,1 g.

Shrimps mit Spargel

Zubereitungszeit: 15 Minuten

Kochzeit: 10 Minuten

Portionieren: 4

ZUTATEN:

- 2 Esslöffel Butter
- 1 Pfund Spargel, gestutzt
- 1 Pfund Garnelen, geschält und entdarmt
- 4 Knoblauchzehen, gehackt
- 2 Esslöffel frischer Zitronensaft
- 1/3 Tasse hausgemachte Hühnerbrühe

RICHTLINIE:

1. Schmelzen Sie die Butter in einem großen Wok bei mittlerer bis hoher Hitze.
2. Alle Zutaten außer der Brühe hinzufügen und ca. 2 Minuten kochen, ohne zu rühren.
3. Rühren Sie die Mischung um und kochen Sie sie unter gelegentlichem Rühren etwa 3-4 Minuten.
4. Die Brühe einrühren und ca. 2-4 Minuten weiter kochen. Heiß servieren.

ERNÄHRUNG: Kalorien: 218 Cal, Fett: 17g, Kohlenhydrate: 8g, Eiweiß: 9g, Ballaststoffe: 4g.

Meeresfrüchte-Eintopf

Zubereitungszeit: 20 Minuten

Kochzeit: 30 Minuten

Portionieren: 8

ZUTATEN:

- 2 Esslöffel Butter
- 1 mittelgroße gelbe Zwiebel, gewürfelt
- 2 Knoblauchzehen, gehackt
- 1 Serrano-Pfeffer, gehackt
- ¼ Teelöffel rote Paprikaflocken, zerstoßen
- ½ Pfund frische Tomaten, zerkleinert
- 1½ Tassen hausgemachte Fischbrühe
- 1 Pfund Red Snapper-Filets, gewürfelt
- ½ Pfund Garnelen, geschält und entdarmt
- ¼ Pfund frischer Tintenfisch, gesäubert und in Ringe geschnitten
- ¼ Pfund Jakobsmuscheln
- ¼ Pfund Muscheln
- 2 Esslöffel frischer Limettensaft
- ½ Tasse frisches Basilikum, gehackt

RICHTLINIE:

1. In einem großen Suppentopf Butter bei mittlerer Hitze schmelzen und die Zwiebel ca. 5-6 Minuten anbraten.
2. Fügen Sie den Knoblauch, den Serrano-Pfeffer und die roten Paprikaflocken hinzu und braten Sie sie etwa 1 Minute lang an.

3. Tomaten und Brühe hinzufügen und leicht köcheln lassen.
4. Reduzieren Sie die Hitze und kochen Sie für ca. 10 Minuten.
5. Fügen Sie den Tilapia hinzu und kochen Sie ihn etwa 2 Minuten lang.
6. Die restlichen Meeresfrüchte einrühren und ca. 6-8 Minuten kochen.
7. Zitronensaft, Basilikum, Salz und schwarzen Pfeffer einrühren und vom Herd nehmen. Heiß servieren.

ERNÄHRUNG: Kalorien: 199 Cal, Fett: 12,1g, Kohlenhydrate: 7,5g, Eiweiß: 8g, Ballaststoffe: 3g.

Tomate & Mozzarella Salat

Zubereitungszeit: 15 Minuten

Kochzeit: 15 Minuten

Portionieren: 8

ZUTATEN:

- 4 Tassen Kirschtomaten, halbiert
- 1½ Pfund Mozzarella-Käse, gewürfelt
- ¼ Tasse frische Basilikumblätter, gehackt
- ¼ Tasse Olivenöl
- 2 Esslöffel frischer Zitronensaft
- 1 Teelöffel frischer Oregano, gehackt
- 1 Teelöffel frische Petersilie, gehackt
- 2-4 Tropfen flüssiges Stevia
- Salz und gemahlener schwarzer Pfeffer, je nach Bedarf

RICHTLINIE:

1. Mischen Sie in einer Salatschüssel Tomaten, Mozzarella und Basilikum.
2. Geben Sie die restlichen Zutaten in eine kleine Schüssel und schlagen Sie sie, bis sie sich gut verbinden.
3. Geben Sie das Dressing über den Salat und schwenken Sie es, um ihn gut zu bedecken. Sofort servieren.

ERNÄHRUNG: Kalorien: 310 Cal, Fett: 18g, Kohlenhydrate: 7g, Eiweiß: 8g, Ballaststoffe: 3g.

Gurken- & Tomatensalat

Zubereitungszeit: 15 Minuten

Kochzeit: 15 Minuten

Portionieren: 8

ZUTATEN:

- Salat
- 3 große englische Salatgurken, in dünne Scheiben geschnitten
- 2 Tassen Tomaten, zerkleinert
- 6 Tassen Kopfsalat, zerrissen
- Abrichten
- 4 Esslöffel Olivenöl
- 2 Esslöffel Balsamico-Essig
- 1 Esslöffel frischer Zitronensaft
- Salz und gemahlener schwarzer Pfeffer, je nach Bedarf

RICHTLINIE:

1. Für Salat:
2. Geben Sie die Gurken und die Zwiebel in eine große Schüssel und mischen Sie sie.
3. Für das Dressing:
4. Geben Sie alle Zutaten in eine kleine Schüssel und schlagen Sie sie, bis sie sich gut verbinden.
5. Geben Sie das Dressing über den Salat und schwenken Sie es, um ihn gut zu bedecken. Sofort servieren.

ERNÄHRUNG: Kalorien: 268 Cal, Fett: 18g, Kohlenhydrate: 7g, Eiweiß: 8 g, Ballaststoffe: 3g.

Huhn & Brokkoli-Auflauf

Zubereitungszeit: 15 Minuten

Garen 35 Minuten

Portionieren: 6

ZUTATEN:

- 2 Esslöffel Butter
- ¼ Tasse gekochter Speck, zerkrümelt
- 2½ Tassen Cheddar-Käse, zerkleinert und geteilt
- 4 Unzen Frischkäse, erweicht
- ¼ Tasse schwere Schlagsahne
- ½ Packung Ranch-Gewürzmischung
- 2/3 Tasse hausgemachte Hühnerbrühe
- 1½ Tassen kleine Brokkoli-Röschen
- 2 Tassen gekochte grasgefütterte Hähnchenbrust, zerkleinert

RICHTLINIE:

1. Heizen Sie Ihren Ofen auf 350 °F vor.
2. Stellen Sie einen Rost im oberen Bereich des Ofens auf.
3. Für die Hähnchenmischung:
4. Schmelzen Sie die Butter in einem großen Wok bei niedriger Hitze.
5. Fügen Sie den Speck, ½ Tasse Cheddar-Käse, Frischkäse, schwere Schlagsahne, Ranch-Gewürz und Brühe hinzu und schlagen Sie mit einem Schneebesen, bis alles gut kombiniert ist.
6. Etwa 5 Minuten kochen, dabei häufig umrühren.

7. Geben Sie in der Zwischenzeit den Brokkoli in eine mikrowellengeeignete Schale und kochen Sie ihn in der Mikrowelle, bis er die gewünschte Zartheit erreicht hat.
8. Geben Sie das Hähnchen und den Brokkoli in den Wok und mischen Sie sie, bis sie gut miteinander verbunden sind.
9. Vom Herd nehmen und die Mischung in eine Auflaufform geben.
10. Geben Sie den restlichen Cheddar-Käse über die Hähnchenmischung.
11. Backen Sie für etwa 25 Minuten. Stellen Sie nun den Ofen auf Broiler.
12. Braten Sie die Hähnchenmischung ca. 2-3 Minuten oder bis der Käse sprudelt. Heiß servieren.

ERNÄHRUNG: Kalorien: 168 Kal., Fett: 19 g, Kohlenhydrate: 8 g, Eiweiß: 10 g, Ballaststoffe: 5 g.

Truthahn-Chili

Zubereitungszeit: 15 Minuten

Garzeit: 120 Minuten

Portionieren: 8

ZUTATEN:

- 2 Esslöffel Olivenöl
- 1 kleine gelbe Zwiebel, gehackt
- 1 grüne Paprika, entkernt und gewürfelt
- 4 Knoblauchzehen, gehackt
- 1 Jalapeño-Schote, gehackt
- 1 Teelöffel getrockneter Thymian, zerkleinert
- 2 Esslöffel rotes Chilipulver
- 1 Esslöffel gemahlener Kreuzkümmel
- 2 Pfund mageres Putenhackfleisch
- 2 Tassen frische Tomaten, fein gehackt
- 2 Unzen zuckerfreies Tomatenmark
- 2 Tassen hausgemachte Hühnerbrühe
- 1 Tasse Wasser
- Salz und gemahlener schwarzer Pfeffer, je nach Bedarf
- 1 Tasse Cheddar-Käse, zerkleinert

RICHTLINIE:

1. Erhitzen Sie in einem großen holländischen Ofen das Öl bei mittlerer Hitze und braten Sie die Zwiebel und die Paprika etwa 5-7 Minuten an.

2. Fügen Sie den Knoblauch, die Jalapeño-Paprika, den Thymian und die Gewürze hinzu und braten Sie sie etwa 1 Minute lang an.
3. Den Truthahn hinzufügen und ca. 4-5 Minuten kochen.
4. Die Tomaten, das Tomatenmark und das Kakaopulver einrühren und ca. 2 Minuten kochen lassen.
5. Geben Sie die Brühe und das Wasser hinzu und bringen Sie es zum Kochen.
6. Reduzieren Sie nun die Hitze auf niedrig und köcheln Sie zugedeckt für etwa 2 Stunden.
7. Salz und schwarzen Pfeffer hinzugeben und vom Herd nehmen.
8. Mit Cheddar-Käse bestreuen und heiß servieren.

ERNÄHRUNG: Kalorien: 308 Cal, Fett: 20g, Kohlenhydrate: 10g, Eiweiß: 8g, Ballaststoffe: 3g.

SEITEN

Krabbenküchlein mit Mandelmehl

Zubereitungszeit: 1 Stunde 10 Minuten

Kochzeit: 15 Minuten

Portionen: 4

ZUTATEN:

- 8 oz frisches Krabbenfleisch, Schalen entfernt
- 1 Esslöffel Knoblauch, gehackt
- ¼ Tasse Petersilie, gehackt
- 1 Ei, leicht verquirlt
- 1 Esslöffel Avocadoöl-Mayonnaise
- 1 Esslöffel Senf

- ½ Teelöffel koscheres Salz
- ½ Teelöffel getrockneter Thymian
- 1/8 Teelöffel Cayennepfeffer
- ½ Tasse Mandelmehl
- 2 Esslöffel Butter, zum Braten

RICHTUNG:

1. In einer separaten Schüssel Krabbenfleisch, Knoblauch, Petersilie, Ei, Mayonnaise, Senf, koscheres Salz, Thymian, Cayennepfeffer und Mandelmehl vermengen. Gut verrühren. Formen Sie 4 Kuchen und legen Sie sie für 1 Stunde in den Kühlschrank.
2. Schmelzen Sie die Butter in der Pfanne und geben Sie Ihre Krabbenküchlein hinein. Braten Sie sie ca. 5-7 Minuten auf jeder Seite.

ERNÄHRUNG: Kohlenhydrate - 4 g Fett - 17 g Eiweiß - 13 g Kalorien - 219

Mascarpone-geschnetzeltes Amaretti-Gebäck

Zubereitungszeit: 10 Minuten

Kochzeit: 15 Minuten

Portionen: 6

ZUTATEN:

- 6 Eiweiß
- 1 Eigelb, verquirlt
- 1 Teelöffel Vanilleschotenmark
- 8 oz. Swerve-Konditorzucker
- Eine Prise Salz
- ¼ Tasse gemahlene duftende Mandeln
- 1 Zitrone Saft
- 7 Esslöffel zuckerfreier Amaretto-Likör
- ¼ Tasse Mascarpone-Käse
- ¼ Tasse Butter, Raumtemperatur
- ¾ Tasse Swerve-Konditorzucker, für das Topping

RICHTLINIE:

1. Heizen Sie einen Ofen auf 300°F vor und rollen Sie ein Backblech mit Pergamentpapier aus. Beiseite stellen.
2. In einer Schüssel Eiweiß, Salz und Vanillepaste mit dem Handrührgerät schlagen, während Sie nach und nach 8 Unzen Swerve-Konditorzucker einlöffeln, bis eine steife Masse entsteht. Mandeln hinzufügen und Eigelb, Zitronensaft und Amaretto-Likör unterheben. Die Masse in

den Spritzbeutel füllen und 50 Häufchen auf das Backblech drücken.

3. Backen Sie die Kekse 15 Minuten lang. In dieser Zeit sollten sie goldbraun sein. Mascarpone-Käse, Butter und Swerve-Konditorzucker mit dem gereinigten elektrischen Mixer verquirlen; beiseite stellen.
4. Wenn die Kekse fertig sind, in eine Schüssel geben und abkühlen lassen. Eine Kugel Mascarpone-Creme auf einen Keks streichen und mit einem weiteren Keks abschließen. Zum Servieren etwas Puderzucker darübersieben.

ERNÄHRUNG: Kcal 165 Fett 13g Netto-Kohlenhydrate 3g Protein 9g

Käsige Hühnerfrikadellen mit Dill-Dip

Zubereitungszeit: 20 Minuten + 2 Stunden und 30 Minuten Kühlzeit

Kochzeit: 8 Minuten

Portionen: 4

ZUTATEN:

- 1 Pfund Hähnchenbrust, in dünne Scheiben geschnitten
- 1 ¼ Tasse Mayonnaise
- ¼ Tasse Kokosnussmehl
- 2 Eier
- Salz und schwarzer Pfeffer nach Geschmack
- 1 Tasse Mozzarella-Käse, gerieben
- 4 Esslöffel Dill, gehackt
- 3 Esslöffel Olivenöl
- 1 Becher saure Sahne
- 1 Teelöffel Knoblauchpulver
- 1 Esslöffel Petersilie, gehackt
- 1 Zwiebel, fein gewürfelt

RICHTLINIE:

1. Mischen Sie in einer Schüssel 1 Tasse Mayonnaise, 3 Esslöffel Dill, saure Sahne, Knoblauchpulver, Zwiebel und Salz. Schließen Sie die Schüssel mit Plastikfolie ein und stellen Sie sie 30 Minuten lang in den Kühlschrank.
2. Mischen Sie das Hähnchen, die restliche Mayonnaise, Kokosmehl, Eier, Salz, schwarzen Pfeffer, Mozzarella und den restlichen Dill in einer Schüssel. Verschließen Sie die

Schüssel mit Frischhaltefolie und stellen Sie sie für 2 Stunden in den Kühlschrank. Nach Ablauf der Marinierzeit aus dem Kühlschrank nehmen.

3. Stellen Sie eine Pfanne auf mittleres Feuer und erhitzen Sie das Olivenöl. Holen Sie 2 Esslöffel der Hähnchenmischung in die Pfanne, verwenden Sie die Rückseite eines Spatels, um die Oberseite abzuflachen. 4 Minuten braten, umdrehen und weitere 4 Minuten braten.
4. Auf ein Gitterrost herausnehmen und den Garvorgang wiederholen, bis der Teig fertig ist, dabei nach Bedarf mehr Öl hinzufügen. Garnieren Sie die Krapfen mit Petersilie und servieren Sie sie mit Dill-Dip.

ERNÄHRUNG: Kcal 151 Fett 7g Netto-Kohlenhydrate 0,8g Protein 12g

Knuspriges Schweinerind und Zucchinisticks

Zubereitungszeit: 5 Minuten

Kochzeit: 15 Minuten

Portionen: 4

ZUTATEN:

- ¼ Tasse Schweineschwartenkrümel
- 1 Teelöffel Paprika süß
- ¼ Tasse geschredderter Parmesankäse
- Salz und Chili-Pfeffer nach Geschmack
- 3 frische Eier
- 2 Zucchinis, in Streifen geschnitten
- Aioli:
- ½ Tasse Mayonnaise
- 1 Knoblauchzehe, gehackt
- Saft und Schale von ½ Zitrone

RICHTLINIE:

1. Heizen Sie den Ofen auf 425°F vor und rollen Sie ein Backblech mit Folie aus. Mit Kochspray einfetten und beiseite stellen. Mischen Sie die Schweineschwarten, Paprika, Parmesan, Salz und Chilipfeffer in einer Schüssel. Die Eier in einer anderen Schüssel verquirlen. Zucchinistreifen erst in den Eiern, dann in der Parmesanmischung wenden und auf dem Backblech verteilen. Leicht mit Kochspray einfetten und 15 Minuten knusprig backen.

2. Für die Aioli Mayonnaise, Zitronensaft und Knoblauch in einer Schüssel vermengen und vorsichtig umrühren, bis alles gut eingearbeitet ist. Fügen Sie die Zitronenschale hinzu, passen Sie die Gewürze an und rühren Sie erneut. Abdecken und bis zum Servieren in den Kühlschrank stellen. Servieren Sie die Zucchinistreifen mit Knoblauch-Aioli zum Dippen.

ERNÄHRUNG: Kcal 180 Fett 14g Netto-Kohlenhydrate 2g Protein 6g

Speck-Blumenkohl-Püree

Zubereitungszeit: 15 Minuten

Kochzeit: 16 Minuten

Portionen: 6

ZUTATEN:

- 6 Scheiben Speck
- 3 Köpfe Blumenkohl, Blätter entfernt
- 2 Tassen Wasser
- 2 Esslöffel geschmolzene Butter
- ½ Tasse Buttermilch
- Salz und schwarzer Pfeffer nach Geschmack
- ¼ Tasse geriebener gelber Cheddar-Käse
- 2 Esslöffel gehackter Schnittlauch

RICHTLINIE:

1. Heizen Sie den Ofen auf 350°F vor. Braten Sie den Speck in einer erhitzten Pfanne bei mittlerer Hitze 5 Minuten lang, bis er knusprig ist. Auf einen mit Küchenpapier ausgelegten Teller geben, abkühlen lassen und zerbröseln. Beiseite stellen und das Speckfett aufbewahren. Blumenkohlköpfe in einem Topf bei starker Hitze 7 Minuten in Wasser kochen, bis sie weich sind. Abgießen und in eine Schüssel geben.
2. Fügen Sie Butter, Buttermilch, Salz und schwarzen Pfeffer hinzu und pürieren Sie alles mit einem Stabmixer, bis es glatt und cremig ist. Fetten Sie eine Auflaufform leicht mit dem Speckfett ein und verteilen Sie das Püree darauf.
3. Mit Cheddar-Käse bestreuen und 4 Minuten auf hoher Stufe unter den Grill stellen, bis der Käse schmilzt. Herausnehmen

und mit Speck und gehacktem Schnittlauch belegen. Mit gebratenen Jakobsmuscheln servieren.

ERNÄHRUNG: Kcal 312 Fett 25g Netto-Kohlenhydrate 6g Protein 14g

SEAFOOD

Leichter Meeresfrüchtesalat

Zubereitungszeit: 10 Minuten

Kochzeit: 3 Minuten

Portionen: 4

ZUTATEN:

- 8 oz. Garnelen
- 8 oz. Krabbenfleisch
- 1 Esslöffel Dill, gehackt
- ½ Tasse Mayonnaise
- 2 Teelöffel Zitronensaft

- ¼ Teelöffel Old Bay Gewürz
- ¼ Tasse Zwiebel, gehackt
- ½ Tasse Staudensellerie, gehackt
- 1 Zitrone, geviertelt
- Pfeffersalz

RICHTLINIE:

1. Zitrone und Wasser in den Topf geben und zum Kochen bringen.
2. Garnelen in den Topf geben und 1-2 Minuten kochen.
3. Lassen Sie die Garnelen gut abtropfen und legen Sie sie in eine große Schüssel.
4. Geben Sie die restlichen Zutaten in die Schüssel und rühren Sie sie um, bis sie sich gut verbinden.
5. Decken Sie die Salatschüssel ab und stellen Sie sie für zwei Stunden in den Kühlschrank.
6. Gekühlt servieren und sich verwöhnen lassen.

ERNÄHRUNG: Kalorien: 240 Fett: 11g Kohlenhydrate: 10g Zucker: 2.4g Eiweiß: 20.6g Cholesterin: 157mg

Nahrhafte Thunfisch-Pastetchen

Zubereitungszeit: 10 Minuten

Kochzeit: 15 Minuten

Portionen: 8

ZUTATEN:

- 2 Dosen Thunfisch, abgetropft und in Flocken geschnitten
- 4 Esslöffel Olivenöl
- ¼ Tasse frische Petersilie, gehackt
- 2 Eier, leicht verquirlt
- 3 Knoblauchzehen, gehackt
- 2 Esslöffel Dijon-Senf
- 2 Esslöffel Mayonnaise
- ¼ Teelöffel Pfeffer
- ½ Teelöffel Salz

RICHTLINIE:

1. Heizen Sie den Ofen auf 170°F vor.
2. Mischen Sie in einer Schüssel Thunfisch, Petersilie, Eier, Knoblauch, Dijon-Senf, Mayonnaise, Pfeffer und Salz.
3. Erhitzen Sie das Öl in einer Pfanne bei mittlerer Hitze.
4. Aus der Thunfischmischung kleine Patties formen und goldbraun braten, etwa 2-3 Minuten pro Seite.
5. Servieren und schwelgen Sie darin.

ERNÄHRUNG: Kalorien: 178 Fett: 13.1g Kohlenhydrate: 1,7g Zucker: 0,4g Eiweiß: 13,5g Cholesterin: 56mg

Schneller Butter-Kabeljau

Zubereitungszeit: 10 Minuten

Kochzeit: 5 Minuten

Portionen: 4

ZUTATEN:

- 1 ½ lbs. Kabeljaufilets, in Stücke geschnitten
- ½ Teelöffel Paprika
- ¼ Teelöffel gemahlener Pfeffer
- ¼ Teelöffel Knoblauchpulver
- 6 Esslöffel Butter
- ½ Teelöffel Salz

RICHTLINIE:

1. Mischen Sie in einer kleinen Schüssel Paprika, Pfeffer, Knoblauchpulver und Salz.
2. Fischstücke mit der Gewürzmischung bestreichen.
3. Schmelzen Sie 2 Esslöffel Butter in einer großen Pfanne bei mittlerer bis hoher Hitze.
4. Fischstücke in die Pfanne geben und zwei Minuten kochen.
5. Hitze auf mittlere Stufe stellen. Restliche Butter auf die Fischstücke geben und 3-4 Minuten garen.
6. Sobald der Fisch durchgegart ist, nehmen Sie die Pfanne vom Herd.
7. Saft hinzufügen und gut umrühren.
8. Servieren und schwelgen Sie darin.

ERNÄHRUNG: Kalorien: 291 Fett: 18.8g Kohlenhydrate: 0,4g Zucker: 0,1g Eiweiß: 30,6g Cholesterin: 129mg

Gebackener Tilapia

Zubereitungszeit: 10 Minuten

Kochzeit: 10 Minuten

Portionen: 4

ZUTATEN:

- 4 Tilapia-Filets
- 1 Zitronenschale
- 2 Esslöffel frischer Zitronensaft
- 1 Esslöffel Knoblauch, gehackt
- ¼ Tasse Butter, geschmolzen
- 2 Esslöffel frische Petersilie, gehackt
- Pfeffersalz

RICHTLINIE:

1. Heizen Sie den Ofen auf 425°F vor.
2. In einer kleinen Schüssel Butter, Zitronenschale, Saft und Knoblauch mischen und beiseite stellen.
3. Fischfilets mit Pfeffer und Salz würzen.
4. Legen Sie die Fischfilets auf die Auflaufform. Buttermischung über die Fischfilets gießen.
5. Fisch im vorgeheizten Ofen 10-12 Minuten backen.
6. Mit Petersilie garnieren und servieren.

ERNÄHRUNG: Kalorien: 247 Fett: 13.6g Kohlenhydrate: 1g Zucker: 0.2g Eiweiß: 32.4g Cholesterin: 116mg

Shrimp-Avocado-Salat

Zubereitungszeit: 10 Minuten

Kochzeit: 5 Minuten

Portionen: 4

ZUTATEN:

- 16 oz. Garnelen, aufgetaut und abgetropft
- 1 Avocado, entsteint und gewürfelt
- ¼ Tasse Staudensellerie, gehackt
- 1 kleine Zwiebel, gehackt
- 2½ Esslöffel frischer Dill, gehackt
- 1 Esslöffel Essig
- 1 Teelöffel Dijon-Senf
- ½ Tasse Mayonnaise
- Pfeffersalz

RICHTLINIE:

1. Mischen Sie in einer kleinen Schüssel Mayonnaise, Dill, Essig und Senf. Beiseite stellen.
2. Fügen Sie Garnelen, Zwiebel und Sellerie in eine Schüssel.
3. Mayonnaise-Mischung über die Garnelen gießen und gut umrühren.
4. Abdecken und für 1-2 Stunden in den Kühlschrank stellen.
5. Avocado hinzufügen und sofort servieren.

ERNÄHRUNG: Kalorien: 279 Fett: 13.1g Kohlenhydrate: 12,5g Zucker: 2,7g Eiweiß: 27g Cholesterin: 246mg

Paprika-Garnele

Zubereitungszeit: 10 Minuten

Kochzeit: 50 Minuten

Portionen: 8

ZUTATEN:

- 2 lbs. Garnelen, geschält und entdarmt
- 1 Teelöffel Paprika
- 5 Knoblauchzehen, in Scheiben geschnitten
- 3/4 Tasse Olivenöl
- 1/2 Teelöffel rote Paprikaflocken, zerstoßen
- 1/4 Teelöffel Pfeffer
- 1 Teelöffel koscheres Salz

RICHTLINIE:

1. Öl, rote Paprikaflocken, Pfeffer, Paprika, Knoblauch und Salz in den Slow Cooker geben und gut umrühren.

2. Bedecken Sie sie und kochen Sie sie eine halbe Stunde lang auf höchster Stufe.
3. Garnelen hinzufügen. Umrühren und 10 Minuten kochen.
4. Erneut abdecken und weitere 10 Minuten kochen.
5. Servieren und schwelgen Sie darin.

ERNÄHRUNG: Kalorien: 300 Fett: 20.2g Kohlenhydrate: 2,7g Zucker: 0,3g Eiweiß: 25g Cholesterin: 240mg

Scharfer Zitronenfisch

Zubereitungszeit: 50 Minuten

Kochzeit: 40 Minuten

Portionen: 4

ZUTATEN:

- 14 Unzen frische Knurrhahn-Fischfilets
- 2 Esslöffel Zitronensaft
- 6 Esslöffel Butter
- ½ Tasse feines Mandelmehl
- 2 Teelöffel getrockneter Schnittlauch
- 1 Teelöffel Knoblauchpulver
- 2 Teelöffel getrockneter Dill
- 2 Teelöffel Zwiebelpulver
- Salz und Pfeffer nach Geschmack

RICHTLINIE:

1. Geben Sie Mandelmehl, getrocknete Kräuter, Salz und Gewürze auf einen großen Teller und rühren Sie, bis alles gut vermischt ist. Verteilen Sie es gleichmäßig auf dem Teller.
2. Stellen Sie eine große Pfanne auf mittlere bis hohe Hitze. Geben Sie die Hälfte der Butter und die Hälfte des Zitronensafts hinzu. Wenn die Butter gerade schmilzt, legen Sie die Filets in die Pfanne und braten sie 3 Minuten lang. Bewegen Sie die Filets in der Pfanne, damit sie die Butter und den Zitronensaft aufsaugen.

3. Die restliche Hälfte der Butter und den Zitronensaft hinzufügen. Wenn die Butter schmilzt, die Seiten wenden und die andere Seite 3 Minuten lang garen.
4. Servieren Sie die Filets mit der in der Pfanne verbliebenen Butter.

ERNÄHRUNG: Kalorien: 406 Fett: 30,3 g Eiweiß: 29 g Kohlenhydrate: 3,5 g Ballaststoffe: 0,7 g

Keto Thai Fisch mit Curry und Kokosnuss

Zubereitungszeit: 50 Minuten

Kochzeit: 40 Minuten

Portionen: 4

ZUTATEN:

- 25 Unzen Lachs (in mundgerechte Stücke schneiden)
- 15 Unzen Blumenkohl (mundgerechte Röschen)
- 14 Unzen Kokosnusscreme
- 1 Unze Olivenöl
- 4 Esslöffel Butter
- Salz und Pfeffer, nach Geschmack

RICHTLINIE:

1. Heizen Sie den Ofen auf 400°F vor.
2. Streuen Sie großzügig Salz und Pfeffer über den Lachs. Schwenken Sie ihn, wenn möglich, einmal.
3. Verteilen Sie die Butter großzügig über alle Lachsstücke und stellen Sie sie beiseite.
4. Gießen Sie diese Sahnemischung über den Fisch im Backblech.
5. In der Zwischenzeit die Blumenkohlröschen 5 Minuten in Salzwasser kochen, abseihen und die Röschen grob pürieren. Beiseite stellen.
6. Geben Sie den cremigen Fisch auf einen Teller und servieren Sie ihn mit Blumenkohlpüree. Genießen Sie!

ERNÄHRUNG: Kalorien: 880 Fett: 75g Eiweiß: 43g Kohlenhydrate: 9 g Ballaststoffe: 4g

Cremige Makrele

Zubereitungszeit: 10 Minuten

Kochzeit: 20 Minuten

Portionen: 4

ZUTATEN:

- 2 Schalotten, gehackt
- 2 Frühlingszwiebeln, gehackt
- 2 Esslöffel Olivenöl
- 4 Makrelenfilets, ohne Haut und in mittlere Würfel geschnitten
- 1 Becher Schlagsahne
- 1 Teelöffel Kreuzkümmel, gemahlen
- ½ Teelöffel Oregano, getrocknet
- Eine Prise Salz und schwarzer Pfeffer
- 2 Esslöffel Schnittlauch, gehackt

RICHTLINIE:

1. Erhitzen Sie eine Pfanne mit dem Öl bei mittlerer Hitze, geben Sie die Frühlingszwiebeln und die Schalotten hinzu, rühren Sie um und braten Sie sie 5 Minuten lang an.
2. Fügen Sie den Fisch hinzu und kochen Sie ihn 4 Minuten lang.
3. Die restlichen Zutaten dazugeben, aufkochen lassen, alles noch 10 Minuten kochen, auf Teller verteilen und servieren.

ERNÄHRUNG: Kalorien: 403 Fett: 33,9g Ballaststoffe: 0,4g Kohlenhydrate: 2,7g Eiweiß: 22g

Limettenmakrele

Zubereitungszeit: 10 Minuten

Kochzeit: 30 Minuten

Portionen: 4

ZUTATEN:

- 4 Makrelenfilets, ohne Gräten
- 2 Esslöffel Limettensaft
- 2 Esslöffel Olivenöl
- Eine Prise Salz und schwarzer Pfeffer
- ½ Teelöffel süßer Paprika

RICHTLINIE:

1. Die Makrele auf einem mit Pergamentpapier ausgelegten Backblech anrichten, das Öl und die anderen Zutaten dazugeben, leicht einreiben, bei 360°F in den Ofen schieben und 30 Minuten backen.
2. Verteilen Sie den Fisch auf Teller und servieren Sie ihn.

ERNÄHRUNG: Kalorien: 297 Fett: 22,7 g Ballaststoffe 0,2 g Kohlenhydrate: 2 g Eiweiß: 21,1 g

Kurkuma Tilapia

Zubereitungszeit: 10 Minuten

Kochzeit: 12 Minuten

Portionen: 4

ZUTATEN:

- 4 Tilapia-Filets, ohne Gräten
- 2 Esslöffel Olivenöl
- 1 Teelöffel Kurkumapulver
- Eine Prise Salz und schwarzer Pfeffer
- 2 Frühlingszwiebeln, gehackt
- ¼ Teelöffel Basilikum, getrocknet
- ¼ Teelöffel Knoblauchpulver
- 1 Esslöffel Petersilie, gehackt

RICHTLINIE:

1. Erhitzen Sie eine Pfanne mit dem Öl bei mittlerer Hitze, geben Sie die Frühlingszwiebeln hinzu und braten Sie sie 2 Minuten lang.
2. Den Fisch, Kurkuma und die anderen Zutaten hinzufügen, 5 Minuten auf jeder Seite garen, auf Teller verteilen und servieren.

ERNÄHRUNG: Kalorien: 205 Fett: 8,6 g Ballaststoffe: 0,4 g Kohlenhydrate: 1,1 g Eiweiß: 31,8 g

Walnuss-Lachs-Mix

Zubereitungszeit: 10 Minuten

Kochzeit: 14 Minuten

Portionen: 4

ZUTATEN:

- 4 Lachsfilets, ohne Gräten
- 2 Esslöffel Avocadoöl
- Eine Prise Salz und schwarzer Pfeffer
- 1 Esslöffel Limettensaft
- 2 Schalotten, gehackt
- 2 Esslöffel Walnüsse, gehackt
- 2 Esslöffel Petersilie, gehackt

RICHTLINIE:

1. Erhitzen Sie eine Pfanne mit dem Öl bei mittlerer Hitze, geben Sie die Schalotten hinzu, rühren Sie um und braten Sie sie 2 Minuten lang an.
2. Den Fisch und die anderen Zutaten hinzufügen, 6 Minuten auf jeder Seite garen, auf Teller verteilen und servieren.

ERNÄHRUNG: Kalorien 276 Fett: 14,2 g Ballaststoffe: 0,7 g Kohlenhydrate: 2,7 g Eiweiß: 35,8 g

GEFLÜGEL

Parmesan-Hähnchen

Zubereitungszeit: 10 Minuten

Zubereitungszeit: 35 Minuten

Portionen: 4

ZUTATEN:

- 1 Pfund Hühnerbrüste, ohne Haut und ohne Knochen
- 1/2 Tasse Parmesankäse, gerieben
- 3/4 Tasse Mayonnaise
- 1 Teelöffel Knoblauchpulver
- 1/2 Teelöffel italienisches Gewürz

RICHTLINIE:

1. Heizen Sie den Ofen auf 375 F vor.
2. Sprühen Sie die Auflaufform mit Kochspray ein.
3. Vermengen Sie nun in einer kleinen Schüssel Mayonnaise, Knoblauchpulver, Geflügelgewürz und Pfeffer.
4. Legen Sie die Hähnchenbrüste in die vorbereitete Auflaufform.
5. Verteilen Sie die Mayonnaise-Mischung über das Hähnchen, dann streuen Sie den Käse über das Hähnchen.
6. Backen Sie das Huhn 35 Minuten lang.
7. Servieren und genießen.

ERNÄHRUNG: Kalorien 391 Fett 23 g Kohlenhydrate 11 g Zucker 3 g Eiweiß 33 g Cholesterin 112 mg

Leckere Chicken Wings

Zubereitungszeit: 10 Minuten

Kochzeit: 30 Minuten

Portionen: 6

ZUTATEN:

- 1 Ei, verquirlt
- 1 1/2 lbs. Hähnchenflügel
- 6 Esslöffel Olivenöl
- 1/2 Tasse Apfelessig
- 1/2 Teelöffel Cayennepfeffer
- 2 Knoblauchzehen, gehackt
- 1/2 Teelöffel Pfeffer
- 3/4 Teelöffel Salz

RICHTLINIE:

1. Geben Sie alle Zutaten außer dem Huhn in eine große Schüssel und mischen Sie sie gut.
2. Geben Sie die Hähnchenflügel in eine Schüssel und mischen Sie sie, bis sie gut überzogen sind, und stellen Sie sie für 20 Minuten beiseite.
3. Heizen Sie den Ofen auf 450 F vor.
4. Sprühen Sie ein Backblech mit Kochspray ein.
5. Marinierte Flügel auf ein vorbereitetes Backblech legen und 30 Minuten backen.
6. Servieren und genießen.

ERNÄHRUNG: Kalorien 355 Fett 23 g Kohlenhydrate 0,5 g Zucker 0,1 g Eiweiß 33 g Cholesterin 128 mg

Leckere Hähnchenspieße

Zubereitungszeit: 10 Minuten

Kochzeit: 10 Minuten

Portionen: 8

ZUTATEN:

- 2 Pfund Hähnchenbrustfilets
- 1 Teelöffel Zitronenpfeffergewürz
- 1 Teelöffel Knoblauch, gehackt
- 1 Esslöffel Olivenöl
- 1 Tasse Salsa

RICHTLINIE:

1. Fügen Sie das Hähnchen in einem Zip-Lock-Beutel zusammen mit 1/4 Tasse Salsa, Zitronenpfeffergewürz, Knoblauch und Öl hinzu.
2. Verschließen Sie den Beutel, schütteln Sie ihn gut und stellen Sie ihn über Nacht in den Kühlschrank.

3. Fädeln Sie das marinierte Hähnchen auf die eingeweichten Holzspieße.
4. Dann die Spieße auf den heißen Grill legen und 8-10 Minuten garen.
5. Während der letzten 3 Minuten des Grillens mit der restlichen Salsa bestreichen.
6. Servieren und genießen.

ERNÄHRUNG: Kalorien 125 Fett 2,5 g Kohlenhydrate 2,1 g Zucker 1 g Eiweiß 24 g Cholesterin 71 mg

Leckeres zerkleinertes Huhn

Zubereitungszeit: 10 Minuten

Kochzeit: 25 Minuten

Portionen: 6

ZUTATEN:

- 3 Hähnchenbrüste, ohne Knochen und ohne Haut
- 1/4 Tasse Essig
- 13,5 oz. stückige Salsa
- 1/4 Teelöffel Zwiebelpulver
- 1 Esslöffel gemahlener Kreuzkümmel
- 1 1/2 Esslöffel Chilipulver

RICHTLINIE:

1. Geben Sie zunächst alle Zutaten in den Instant Pot und rühren Sie gut um.
2. Topf mit Deckel verschließen und auf manuellem Hochdruck 25 Minuten kochen.
3. Sobald dies geschehen ist, lassen Sie den Druck mit der Schnelllösemethode ab und öffnen dann den Deckel.
4. Hähnchen aus dem Topf nehmen und mit einer Gabel zerkleinern.
5. Servieren und genießen.

ERNÄHRUNG: Kalorien 171 Fett 6,3 g Kohlenhydrate 5 g Zucker 2,2 g Eiweiß 23 g Cholesterin 64 mg

Würziges Kräuterhähnchen

Zubereitungszeit: 10 Minuten

Kochzeit: 15 Minuten

Portionen: 5

ZUTATEN:

- 2 Pfund Hähnchenbrust, ohne Haut und ohne Knochen
- 1/2 Tasse griechischer Joghurt
- 1/4 Tasse Mayonnaise
- 1 1/2 Teelöffel Kräutergewürz
- 1/2 Teelöffel Zwiebelpulver
- 1/2 Teelöffel Knoblauchpulver
- 1/4 Teelöffel Salz

RICHTLINIE:

1. Heizen Sie die Heißluftfritteuse auf 380 F vor.
2. Mischen Sie in einer kleinen Schüssel Mayonnaise, Kräutergewürz, Zwiebelpulver, Knoblauchpulver und Joghurt zusammen.
3. Hähnchen mit der Mayo-Mischung bestreichen.
4. Sprühen Sie den Korb der Heißluftfritteuse mit Kochspray ein.
5. Legen Sie das Huhn in den Korb der Heißluftfritteuse und garen Sie es 15 Minuten lang. Nach der Hälfte der Zeit wenden.
6. Servieren und genießen.

ERNÄHRUNG: Kalorien 272 Fett 8 g Kohlenhydrate 5 g Zucker 2 g Eiweiß 40 g Cholesterin 121 mg

Huhn-Speck-Salat

Zubereitungszeit: 10 Minuten

Kochzeit: 10 Minuten

Portionen: 4

ZUTATEN:

- 2 Hühnerbrüste, gekocht und gewürfelt
- 3 Scheiben Speck, gekocht und gewürfelt
- 1/2 Tasse Staudensellerie, gewürfelt
- 2 Avocados, gewürfelt
- 2 1/2 Esslöffel Olivenöl
- 3 Esslöffel frischer Zitronensaft
- 1/2 Teelöffel getrockneter Dill
- 1 Esslöffel getrockneter Schnittlauch
- 1/2 Teelöffel Pfeffer
- 1 Teelöffel Salz

RICHTLINIE:

1. Geben Sie zunächst alle Zutaten in die große Schüssel und schwenken Sie sie gut durch, um sie zu kombinieren.
2. Servieren und genießen.

ERNÄHRUNG: Kalorien 441 Fett 36 g Kohlenhydrate 10 g Zucker 1 g Eiweiß 24 g Cholesterin 66 mg

Einfache knusprige Hähnchenflügel

Zubereitungszeit: 10 Minuten

Zubereitungszeit: 28 Minuten

Portionen: 3

ZUTATEN:

- 12 Hähnchenflügel
- 1/4 Tasse Butter, geschmolzen
- 1/2 Tasse Hühnerbrühe
- Pfeffer
- Salz

RICHTLINIE:

1. Gießen Sie die Hühnerbrühe in den Instant Pot und setzen Sie dann den Dämpfeinsatz in den Topf.
2. Legen Sie die Hähnchenflügel oben auf den Dämpfeinsatz.
3. Verschließen Sie den Topf mit dem Schnellkochdeckel und kochen Sie 8 Min. auf Hochdruck.
4. Wenn Sie fertig sind, lassen Sie den Druck mit der Schnelllösemethode ab. Öffnen Sie den Deckel.
5. Entfernen Sie die Hähnchenflügel aus dem Instant-Topf und reinigen Sie den Topf.
6. Schwenken Sie die Hähnchenflügel mit geschmolzener Butter und würzen Sie sie mit Pfeffer und Salz.
7. Geben Sie die Hähnchenflügel in den Korb der Instant Pot-Luftfritteuse und stellen Sie den Korb in den Topf.
8. Verschließen Sie den Topf mit dem Deckel der Luftfritteuse und wählen Sie den Luftfritiermodus, stellen Sie die Temperatur auf 400 F und den Timer auf 10 Minuten.
9. Hähnchenflügel mischen und weitere 5-10 Minuten in der Luft braten.
10. Servieren und genießen.

ERNÄHRUNG: Kalorien 784 Fett 47 g Kohlenhydrate 2 g Zucker 1 g Eiweiß 97 g Cholesterin 343 mg

Süßes & pikantes Orangenhähnchen

Zubereitungszeit: 10 Minuten

Kochzeit: 14 Minuten

Portionen: 4

ZUTATEN:

- 4 Hähnchenschenkel
- 2 Esslöffel Honig
- 1/2 Tasse Hühnerbrühe
- 1 Esslöffel Wein
- 1 Esslöffel Olivenöl
- 1 kleine Zwiebel, in Scheiben geschnitten
- 1 Esslöffel Ingwer, gehackt
- 5 Knoblauchzehen, gehackt
- 1 Orangensaft
- 3 Esslöffel Wasser
- 2 1/2 Esslöffel Speisestärke
- Salz
- Für die Marinade:
- 1/4 Teelöffel Zucker
- 1/2 Teelöffel Sesamöl
- 2 Esslöffel Sojasauce
- 1/4 Teelöffel Salz

RICHTLINIE:

1. Mischen Sie in einer großen Schüssel Hühnchen, Zucker, Sesamöl, Sojasauce und Salz und marinieren Sie es 30 Minuten lang.
2. Geben Sie dann Olivenöl in den Instant Pot und stellen Sie den Topf auf den Sauté-Modus.
3. Ingwer und Zwiebel hinzufügen und 2 Minuten lang anbraten. Knoblauch hinzufügen und 30 Sekunden lang sautieren.
4. Wein hinzufügen und alles gut umrühren. Mariniertes Hähnchen, Orangensaft und Brühe hinzufügen und gut verrühren.
5. Verschließen Sie den Topf mit dem Schnellkochdeckel und kochen Sie ihn 6 Minuten lang unter hohem Druck. Wenn Sie fertig sind, lassen Sie den Druck 10 Minuten lang auf natürliche Weise ab und lassen Sie dann den restlichen Druck mit dem Schnellablass ab. Öffnen Sie den Deckel.
6. Nehmen Sie das Huhn aus dem Topf und legen Sie es auf einen Teller. Mischen Sie dann in einer kleinen Schüssel Maisstärke und 3 Esslöffel Wasser und geben Sie es in den Instant-Topf.
7. Honig hinzufügen, gut umrühren und auf Sautiermodus kochen, bis die Sauce eindickt. Sauce über das Hähnchen gießen und gut bedecken.
8. Reinigen Sie den Instant Pot.
9. Legen Sie das Hähnchen in den Korb der Instant-Topf-Luftfritteuse und stellen Sie den Korb in den Topf. Verschließen Sie den Topf mit dem Deckel der Fritteuse,

wählen Sie den Bratmodus und stellen Sie den Timer auf 5 Minuten.

10. Servieren und genießen.

ERNÄHRUNG: Kalorien 400 Fett 11 g Kohlenhydrate 23 g Zucker 18 g Eiweiß 46 g Cholesterin 130 mg

Zitronengras-Huhn

Zubereitungszeit: 10 Minuten

Kochzeit: 15 Minuten

Portionen: 4

ZUTATEN:

- 4 Hähnchenschenkel, nicht entbeint
- 2 Esslöffel brauner Zucker
- 3 Esslöffel Zucker
- 2 Esslöffel frischer Limettensaft
- 3 Esslöffel Sojasauce
- 3 Esslöffel Fischsauce
- 1 Esslöffel Ingwer, in Scheiben geschnitten
- 1 Schalotte, in Scheiben geschnitten
- 1 Esslöffel Knoblauch, gehackt
- 2 Stängel Zitronengras, in Scheiben geschnitten
- 2 Esslöffel Wasser
- 1 1/2 Esslöffel Speisestärke

RICHTLINIE:

1. In einer Rührschüssel Hühnerfleisch, 3 EL Wasser, Sojasauce, Fischsauce, Limettensaft, braunen Zucker, Zitronengras, Ingwer, Schalotte und Knoblauch vermischen. Abdecken und für 1 Stunde in den Kühlschrank stellen.
2. Geben Sie das marinierte Hähnchen in den Instant Pot.
3. Topf mit Deckel verschließen & 7 Minuten auf Hochdruck kochen.

4. Wenn Sie fertig sind, lassen Sie den Druck 10 Minuten lang natürlich abfallen. Lassen Sie dann den restlichen Druck mit dem Schnellablass ab. Entfernen Sie den Deckel.
5. Hähnchen aus dem Topf nehmen und beiseite stellen.
6. Mischen Sie Maisstärke und 2 EL Wasser und geben Sie sie in den Instant-Topf und kochen Sie sie im Sauté-Modus, bis die Sauce andickt.
7. Gießen Sie die Sauce über das Huhn und bedecken Sie es gut. Reinigen Sie den Instant-Topf.
8. Legen Sie das Hähnchen in den Korb der Instant Pot-Luftfritteuse und stellen Sie den Korb in den Topf.
9. Verschließen Sie den Topf mit dem Deckel der Luftfritteuse, wählen Sie den Bratmodus und stellen Sie den Timer auf 5 Minuten ein.
10. Servieren und genießen.

ERNÄHRUNG: Kalorien 374 Fett 19 g Kohlenhydrate 25 g Zucker 15 g Eiweiß 43 g Cholesterin 130 mg

Saftiges & zartes ganzes Hähnchen

Zubereitungszeit: 10 Minuten

Kochzeit: 25 Minuten

Portionen: 6

ZUTATEN:

- 3 lbs. ganzes Huhn
- 1 Esslöffel Knoblauch, gehackt
- 3 Esslöffel Butter
- 8 Tassen Wasser
- 2 Lorbeerblätter
- 1 Teelöffel getrockneter Thymian
- 1 Teelöffel getrockneter Rosmarin
- 1 Teelöffel getrockneter Oregano
- 5 Teelöffel Meersalz

RICHTLINIE:

1. Geben Sie Wasser, Thymian, Rosmarin, Oregano, Lorbeerblätter und Salz in den Instant-Topf und rühren Sie gut um.
2. Legen Sie das Hähnchen in den Instant Pot.
3. Verschließen Sie den Topf mit dem Schnellkochdeckel und kochen Sie ihn 0 Minuten lang auf hohem Druck.
4. Sobald dies geschehen ist, lassen Sie den Druck natürlich abfallen. Entfernen Sie den Deckel.
5. Nehmen Sie das Huhn aus dem Topf und legen Sie es beiseite. Reinigen Sie den Instant-Topf.

6. Dann Butter in einer Pfanne bei mittlerer Hitze schmelzen. Knoblauch hinzufügen und 1 Minute lang anbraten. Vom Herd nehmen.
7. Hähnchen mit Knoblauchbutter bestreichen.
8. Legen Sie nun den Dämpfeinsatz in den Instant-Topf, dann legen Sie das Hähnchen auf den Einsatz.
9. Verschließen Sie den Topf mit dem Deckel der Luftfritteuse und wählen Sie den Broil-Modus und stellen Sie den Timer für 5 Minuten ein.
10. Servieren und genießen.

ERNÄHRUNG: Kalorien 486 Fett 27 g Kohlenhydrate 1 g Zucker 0 g Eiweiß 68 g Cholesterin 217 mg

Ganzes Hähnchen mit knuspriger Kruste

Zubereitungszeit: 10 Minuten

Kochzeit: 45 Minuten

Portionen: 4

ZUTATEN:

- 1 ganzes Huhn
- 1 1/2 Tassen Hühnerbrühe
- 2 Esslöffel Montrealer Steakgewürz
- 1 Teelöffel italienisches Gewürz
- 1 Teelöffel Paprika
- 1 Teelöffel Zwiebelpulver
- 1 Teelöffel Knoblauchpulver
- 2 Esslöffel Olivenöl

RICHTLINIE:

1. Gießen Sie die Brühe in den Instant Pot.
2. Mischen Sie Montreal Steak Seasoning, Italian Seasoning, Paprika, Zwiebelpulver und Knoblauchpulver zusammen.
3. Hähnchen mit Olivenöl bepinseln und mit Gewürzen einreiben. Legen Sie das Hähnchen in den Korb der Luftfritteuse und stellen Sie den Korb in den Instant Pot.
4. Verschließen Sie den Topf mit dem Schnellkochdeckel und kochen Sie ihn 25 Minuten lang auf Hochdruck.
5. Wenn er fertig ist, lassen Sie den Druck 15 Minuten lang auf natürliche Weise abfallen, dann lassen Sie den restlichen Druck mit dem Schnellablass ab. Entfernen Sie den Deckel.

6. Entfernen Sie die Flüssigkeit aus dem Instanttopf.
7. Verschließen Sie den Topf mit dem Deckel der Luftfritteuse und wählen Sie den Luftfritiermodus, stellen Sie die Temperatur auf 400 F und den Timer auf 10 Minuten.
8. Das Hähnchen auf die andere Seite drehen und weitere 10 Minuten an der Luft braten.
9. Servieren und genießen.

ERNÄHRUNG: Kalorien 925 Fett 44 g Kohlenhydrate 8 g Zucker 8 g Eiweiß 127 g Cholesterin 390 mg

Huhn Kabab

Zubereitungszeit: 10 Minuten

Kochzeit: 15 Minuten

Portionen: 4

ZUTATEN:

- 1 Pfund Hähnchenschenkel, ohne Haut, ohne Knochen und in 1/2-Zoll-Würfel geschnitten
- 1 Tasse Paprika, in 2-Zoll-Würfel geschnitten
- 1/2 Tasse Zwiebel, in 2-Zoll-Würfel geschnitten
- 1 Esslöffel Olivenöl
- Für die Marinade:
- 1/2 Esslöffel getrocknete Bockshornkleeblätter
- 1 Teelöffel Korianderpulver
- 1 Teelöffel Garam Masala
- 1/2 Teelöffel Kurkuma
- 2 Teelöffel Chilipulver
- 1 Esslöffel frischer Limettensaft
- 1 Esslöffel Ingwer-Knoblauch-Paste
- 1/2 Tasse Joghurt
- 1 Teelöffel Salz

RICHTLINIE:

1. Mischen Sie nun in einer Schüssel alle Zutaten für die Marinade zusammen. Hähnchen dazugeben, gut vermischen und 30 Minuten marinieren lassen.
2. Paprika, Zwiebel und Öl in die Hähnchenmarinade geben und gut vermischen.

3. Fädeln Sie mariniertes Hähnchen, Zwiebeln und Paprika auf die Holzspieße.
4. Besprühen Sie den Korb der Instant-Topf-Luftfritteuse mit Kochspray und legen Sie die Spieße in den Korb. Nicht überfüllen.
5. Setzen Sie den Korb in den Instant Pot.
6. Verschließen Sie den Topf mit dem Deckel der Luftfritteuse, wählen Sie den Luftfritiermodus und stellen Sie die Temperatur von 400 F und den Timer für 8 Minuten ein.
7. Spieße auf die andere Seite drehen und weitere 7 Minuten an der Luft braten.
8. Servieren und genießen.

ERNÄHRUNG: Kalorien 301 Fett 13 g Kohlenhydrate 1 g Zucker 6 g Eiweiß 38 g Cholesterin 103 mg

Knoblauch-Ranch-Hähnchenflügel

Zubereitungszeit: 10 Minuten

Kochzeit: 25 Minuten

Portionen: 4

ZUTATEN:

- 1 lb. Hähnchenflügel
- 3 Knoblauchzehen, gehackt
- 2 Esslöffel Butter, geschmolzen
- 1 1/2 Esslöffel Ranch-Gewürz

RICHTLINIE:

1. Geben Sie die Hähnchenflügel in die große Schüssel. Mischen Sie die Butter, das Ranch-Gewürz und den Knoblauch und geben Sie sie über die Hähnchenflügel und schwenken Sie sie gut.
2. Decken Sie nun die Schüssel ab und stellen Sie sie über Nacht in den Kühlschrank.
3. Legen Sie die marinierten Hähnchenflügel in den Korb der Luftfritteuse und stellen Sie den Korb in den Topf.
4. Verschließen Sie den Topf mit dem Deckel der Luftfritteuse und wählen Sie den Luftfritiermodus, stellen Sie die Temperatur auf 360 F und den Timer auf 20 Minuten.
5. Nach der Hälfte der Zeit mischen. Drehen Sie die Temperatur auf 390 F und braten Sie weitere 5 Minuten an der Luft.
6. Servieren und genießen.

ERNÄHRUNG: Kalorien 281 Fett 12 g Kohlenhydrate 7 g Zucker 0 g Eiweiß 33 g Cholesterin 116 mg

Hühnerfrikadellen

Zubereitungszeit: 10 Minuten

Kochzeit: 25 Minuten

Portionen: 4

ZUTATEN:

- 1 Pfund gemahlenes Huhn
- 1 1/2 Tassen Mozzarella-Käse, zerkleinert
- 1/2 Tasse Schalotten, gehackt
- 2 Tassen Brokkoli, zerkleinert
- 3/4 Tasse Paniermehl
- 1 Knoblauchzehe, gehackt
- 1 Ei, leicht verquirlt, Pfeffer
- Salz

RICHTLINIE:

1. Geben Sie zunächst alle Zutaten in die große Schüssel und mischen Sie sie, bis sie gut miteinander verbunden sind.
2. Legen Sie das Dörrblech in einen mehrstufigen Luftfritierkorb und stellen Sie den Korb in den Instant Pot.
3. Formen Sie aus der Fleischmischung kleine Patties und legen Sie sie auf ein Dörrblech.
4. Verschließen Sie den Topf mit dem Deckel der Luftfritteuse, wählen Sie den Backmodus und stellen Sie die Temperatur auf 380 F und den Timer auf 25 Minuten.
5. Wenden Sie die Patties nach der Hälfte der Zeit.
6. Servieren und genießen.

ERNÄHRUNG: Kalorien 281 Fett 12 g Kohlenhydrate 7 g Zucker 0 g Eiweiß 33 g Cholesterin 116 mg

30-TAGE-DIÄT-MAHLZEITENPLAN

DAY	FRÜHSTÜCK	MITTAGESSEN	DINNER
1	Schnell gekochte Eier	Keto Rotes Curry	Leckeres zerkleinertes Huhn
2	Wurstbratensoße	Süß-saurer Tempeh	Würziges Kräuterhähnchen
3	Mexikanischer Frühstücksauflauf	Keto Wraps mit Frischkäse und Lachs	Huhn-Speck-Salat
4	Low Carb Leichtes Mandelmehl	Thunfisch-Kasserolle	Einfache knusprige Hähnchenflügel
5	Himbeere Chia Pudding Shots	Keto Hamburger	Süßes & pikantes Orangenhähnchen
6	Lachs-Pastetchen	Hähnchenflügel und Blauschimmelkäse-Dressing	Zitronengras-Huhn
7	Würziger Speck-Ei-Salat	Keto Speck Sushi	Saftiges & zartes ganzes Hähnchen
8	Feta-Oliven-Rührei	Cole Slaw Keto Wrap	Ganzes Hähnchen mit knuspriger Kruste
9	Apfel-Würstchen	Lachs-Burger mit Zitronenbutter und Mash	Huhn Kabab
10	Gegrilltes Käsesandwich	Shrimps mit Spargel	Knoblauch-Ranch-Hähnchenflügel
11	Gebratener Spargel, Speck und Eierauflauf	Meeresfrüchte-Eintopf	Hühnerfrikadellen
12	Räucherlachs-Rührei	Tomate & Mozzarella Salat	Hähnchen-Avocado-Salat-Röllchen
13	Heidelbeer-Ricotta-Pfannkuchen	Gurken- & Tomatensalat	Irischer Lammeintopf

14	Frühstück Quadrate	Huhn & Brokkoli-Auflauf	Kokosnuss-Fajita-Hühnchen
15	Englisches Frühstück	Truthahn-Chili	Curry-Hähnchen mit Limette
16	Krabbenküchlein mit Mandelmehl	Leichter Meeresfrüchtesalat	Huhn mit Gemüse
17	Mascarpone-geschnetzeltes Amaretti-Gebäck	Nahrhafte Thunfisch-Pastetchen	Kandierter Speck
18	Käsige Hühnerfrikadellen mit Dill-Dip	Schneller Butter-Kabeljau	Pikanter Speck-Burger
19	Knuspriges Schweinerind und Zucchini-Sticks	Gebackener Tilapia	Kräuter-Fleischkäse
20	Speck-Blumenkohl-Püree	Shrimp-Avocado-Salat	Karibisches Huhn
21	Scharfes rotes Curry gebratener Blumenkohl Suppe	Paprika-Garnele	Jamaikanischer Pastetchen
22	Pilzcremesuppe	Scharfer Zitronenfisch	Kubanisches Steak mit Zwiebeln
23	Keto Taco Suppe	Keto Thai Fisch mit Curry und Kokosnuss	Kokosnuss-Ingwer-Schweinefilet-Spieße
24	Tomatensuppe	Cremige Makrele	Gebratener Spargel
25	Käsige Blumenkohlsuppe	Limettenmakrele	Blumenkohl-Parmesan-Suppe
26	Heiße Pilz-Klar-Suppe	Kurkuma Tilapia	Tomate-Mozzarella-Salat
27	Champignons und Spinat Klare Suppe	Walnuss-Lachs-Mix	Knödel
28	Cremige Knoblauch-Hühner-Suppe	Parmesan-Hähnchen	Gebratener Rosenkohl
29	Zucchini-Creme-Suppe	Leckere Chicken Wings	Blumenkohl-Brei
30	Spargelcremesuppe	Leckere Hähnchenspieße	Geschmorter Fenchel mit Zitrone

SCHLUSSFOLGERUNG

Nachdem Sie Ihre Keto-Diät-Analyse abgeschlossen haben und alles herausgefunden haben, was Sie über Ihren Diätplan herausfinden wollten, ist es an der Zeit, einen Plan für die Zukunft zu machen. An diesem Punkt sollte Ihre Priorität sein, zu wissen, wie Sie die Keto-Diät in Zukunft fortsetzen können.

Es ist eine gute Idee, einen Ihrer Freunde oder Familienmitglieder zu fragen, ob sie diese Diät schon einmal gemacht haben und ob sie denken, dass sie effektiv ist. Sie müssen jedoch bedenken, dass viele Menschen, die mit der Keto-Diät Gewicht verlieren, dazu neigen, es schnell wieder zuzunehmen.

Die ketogene Diät ist ein viel gesünderer Ansatz zum Fettabbau und zur Gewichtserhaltung als herkömmliche Diätprogramme. Ihr Körper wird nicht nur eine gute Menge an Gewicht verlieren, sondern gleichzeitig auch schlanker werden. Auch für sportliche Menschen bietet die Diät zahlreiche Vorteile. Sie versorgt sie mit reichlich Treibstoff, während sie trainieren. Sie sollten jedoch bedenken, dass die Ketose ein schwieriger Prozess sein kann, besonders wenn Sie gerade erst anfangen.

Die ketogene Diät wird für diejenigen empfohlen, die schnell Gewicht verlieren möchten und für diejenigen, die ihre magere Muskelmasse während einer restriktiven Diät erhalten möchten. Sie wird am häufigsten bei Patienten eingesetzt, die an Epilepsie leiden, da sie eine effektive Behandlung darstellt. Die Diät ist mit einigen Risiken verbunden, wie Schwindel, Übelkeit und Erbrechen. Wenn dies auftritt, sollten Sie die Diät abbrechen und zusätzliche Mahlzeiten oder Zwischenmahlzeiten während des Tages einnehmen, um Schwindel zu vermeiden. Übelkeit und Erbrechen können durch die Einnahme eines Medikaments gegen Übelkeit kontrolliert werden. Die Diät wird auch nicht für schwangere Frauen oder stillende Mütter empfohlen, da das Vorhandensein von Ketonen Ihr Baby schädigen kann, wenn Sie genug davon zu sich nehmen. Und schließlich sollten Sie während einer ketogenen Diät auf keinen Fall Alkohol konsumieren, da er die Ketonproduktion verlangsamt und dazu führen könnte, dass Sie aus der Ketose herauskommen und das ganze Gewicht wieder zunehmen.

Nach jahrelanger Forschung haben wir einige einfache Möglichkeiten gefunden, den mit Diabetes verbundenen hohen Blutzucker- und Insulinspiegel zu senken, zu blockieren und möglicherweise umzukehren.

Da diese Art zu essen jedoch so anders ist als das, was die meisten Menschen Tag für Tag essen, kann es eine Weile dauern, bis sich Ihr Körper darauf eingestellt hat. In dieser Übergangsphase kann es zu Symptomen wie Hunger (vor allem, wenn Sie lange nichts gegessen haben), Heißhunger auf Kohlenhydrate oder Süßigkeiten (schließlich setzen Sie Ihren Körper einem Zuckerentzug aus) und geringer Energie kommen.

Hier sind einige Tipps, die Ihnen helfen, diese Zeit zu überstehen. Sie sollten Ihrem Körper helfen, sich anzupassen und sich besser zu fühlen, während Sie gehen: Essen Sie mindestens 2 Stunden vor dem Schlafengehen keine Kohlenhydrate mehr. Sie können ein Stück Obst oder stärkehaltiges Gemüse essen, wenn Sie sich hungrig fühlen, aber zu viele Kohlenhydrate lassen den Blutzucker- und Insulinspiegel wieder in die Höhe schnellen, wodurch Sie sich am nächsten Tag müde fühlen. Wenn Sie einen Snack brauchen, essen Sie hartgekochte Eier in Vollwertform oder ein Stück Obst. Wenn Sie immer noch hungrig sind, essen Sie eine Portion Eiweiß. (Es wird empfohlen, 1 Gramm Eiweiß pro 1 Gramm Kohlenhydrate zu essen, aber versuchen Sie, etwas mehr als das zu erreichen).

Trinken Sie täglich mindestens 64 Unzen (12 Gläser) Wasser.

Die ketogene Diät ist auch als kohlenhydratarme Diät oder Atkins-Diät bekannt. Sie ist nach Dr. Robert C. Atkins benannt, der den Plan in den 1980er Jahren entwickelte. Der Plan gilt als einer der ersten Pläne überhaupt, der die Verwendung von kohlenhydratarmen Lebensmitteln zum Zwecke der Gewichtsabnahme vorsah. Dr. Atkins schuf den Plan, um mit seinen eigenen Problemen fertig zu werden, die als ein schwerer Fall beschrieben wurden

von Epilepsie und auch Herzproblemen. Viele Menschen glauben, dass diese Diät nur für einen langen Zeitraum angewendet werden sollte und dass sie Teil einer Lebensstiländerung sein sollte, die den vollständigen Verzicht auf Kohlenhydrate beinhaltet. Die Diät ist jedoch nicht dazu gedacht, ein Leben lang befolgt zu werden und kann unter anderem als effektive Strategie zur Gewichtsreduktion eingesetzt werden. Die Diät beinhaltet fettreiche Lebensmittel wie Butter, Fleisch, Öle, Nüsse und Eier. Zu den Lebensmitteln, die Sie essen können, gehört auch Gemüse, aber Sie können bei der ketogenen Diät kein stärkehaltiges Gemüse essen. Sie sollten auch zuckerhaltige Desserts und alle kohlenhydratreichen Lebensmittel vermeiden.

Lightning Source UK Ltd.
Milton Keynes UK
UKHW020636020321
379651UK00008BA/163

9 781801 756631